KB203154

중국 내지 선교회(CIM) 선교사 열전

온전한 드림

- 섬서, 신장 편 -

Sacrificial Love—Portraits of CIM Missionaries

Author; Sik Pui Wong
First Editon June 2006

중국 내지 선교회(CIM) 선교사 열전

온전한 드림 – 섬서 · 신장 편

1판 1쇄 발행 2015년 5월 25일

엮은이 황시페이
옮긴이 곽영은 · 송미경

발행처 로뎀북스
발행인 최태희
등록 2012년 6월 13일 (제331-2012-000007호)
주소 부산광역시 남구 황령대로 319번가길 190-6, 101-2102
전화 · 팩스 051-467-8984
이메일 rodembooks@naver.com

ISBN 978-89-98012-19-9 03230

이 도서의 국립중앙도서관 출판예정도서목록(CIP)은 서지정보유통지원시스템 홈페이지(http://seoji.nl.go.kr)와 국가자료공동목록시스템(http://www.nl.go.kr/kolisnet)에서 이용하실 수 있습니다. (CIP제어번호 : CIP2015011013)

중국 내지 선교회(CIM) **선교사 열전**

온전한 드림

섬서·신장 편

황시페이 지음 　**곽영은·송미경** 옮김

RODEM BOOKS **omf**

*일러두기

‘섬서성’의 중국어 표기는 ‘산시성(陝西省)’이지만, 중국어 발음이 같은 ‘산시성(山西省)’과
의 구별을 위해 이 책에서는 ‘섬서성’으로 표기했다. ‘신장성’은 지금의 ‘신장웨이우얼 자치
구’를 말한다.

목차

제1장_ 낯선 땅의 이방인

제2장_ 신장성 복음의 사자

*다음 권으로 이어질 내용

역자의 말

이 책의 전체 내용

이 이야기는, 영국에서 오자면 대서양을 건너야 하고 미국, 캐나다 그리고 호주, 뉴질랜드에서 오자면 태평양을 건너야 닿을 수 있는 머나먼 중국에서, 전쟁과 질병의 혼란 속에서 생명까지 바치며 선교사의 생애를 마감할 때까지 사역한 30분의 중국 내지 선교회(CIM) 선교사들에 대한 짧고 굵은 전기들이다. 19세기 말, 20세기 초 중국의 격동기에, 그들은 편벽한 섬서성, 신장성, 간쑤성, 허난성, 산시성, 윈난성, 장시성, 구이저우성, 안후이성 및 쓰촨성에서 사역했다.

이들은 평신도 선교사, 목사 선교사, 의료 선교사 및 부인 선교사들로서, 일반적인 교회 개척과 병원 사역을 통한 전도를 통해, 제자 양육과 중국인 의사를 배출하는 후진 양성에도 힘썼다. 그리하여 중국 교회가 외부에 의존하지 않고 자립, 자양, 자전할 수 있는 힘 있는 교회로 세우고자 했다.

특히 이들 대부분은 1920년대와 1930년대, 국공 내전, 지방 내전, 항일전쟁, 이로 인한 대철수 등의 대혼란 가운데 전쟁과 전염병, 사고와 강도의 위험 등으로 생명을 잃었다. 구원받지 못한 수백만의 중국 영혼들을 위해 하나밖에 없는 목숨을 바친 그들의 고귀한 사랑은 21세기 현재 우리의 선교 현장과 선교사의 삶을 돌아보게 한다.

이 책의 감동

중국 내지 선교회는 특별히 해안 지역이 아닌 중국의 서부와 북부와 남부의 편벽한 곳에서 복음을 전하며 병원을 세우고 학교를 세우는 사역을 하였다. 그리고 서양인이 아직 한 번도 들어가지 않았던 지역의 미전도 소수 부족 가운데로 들어가 사역했다. 이들의 개척 정신은 참으로 본받을 만하다. 특히 중국어 이외에도 몇 가지 소수 민족 언어를 배워 그들의 언어로 성경을 번역해주고, 책을 만들어주는 일 등을 한 것은 대단하다 하지 않을 수 없다. 이 문서들을 통해 문맹이 퇴치되었고, 그 민족은 여전히 지구 상에 존재하면서 세계 선교를 함께 이루어가고 있는 것이다.

그들이 내륙으로 들어간 만큼 교통은 더욱 열악했다. 연해 지역에서 내륙으로 들어가려면 각종 교통수단을 다 사용했다. 기차, 트럭, 노새마차, 가마 심지어 사람(쿠리)까지도 동원해야 했다. 어떤 산 지역에서는 병원을 한 번 가려고 해도 5일씩 가야 하는 곳도 있었다. 지금

이야 비행기 한 번으로 쉽게 짧은 시간에 갈 수 있는 곳이지만, 그때는 중간중간에 바꿔 타고, 갈아타고, 쉬어 가고, 수리해 가면서 근 1개월을 가야 했다. 먼지를 뒤집어 쓰고, 좁고 시끄럽고 더러운 객잔에 머무르면서 제대로 쉬지 못하고 잘 먹지 못해도 그들은 오히려 유머로 승화시켰으며, 절대 원망하거나 하소연하지 않았다.

교회를 세우든 병원을 세우든 그들은 늘 후진 양성에 힘썼고, 그들 교회와 병원이 자립, 자양, 자전할 수 있는 방법을 도모했다. 그리고 중국 동역자들에게 가능하면 모든 책임을 맡기려 했다. 백인인 그들이 중국 복장을 입고 중국 이름을 가진 것은 말할 것도 없다.

거의 대부분의 선교사들은 1920, 1930년대 중국의 전쟁과 전염병, 여러 사건과 강도 등에 의해 목숨을 잃었다. 외국인으로서 당연히 연해 지역으로 도피하여 안전을 도모할 수 있었지만, 전쟁과 전염병으로부터 중국인들을 보호하고 치료하고 돕다가 그만 해를 입은 경우가 대부분이다. 이토록 헌신적으로 사역하시다가 당신들의 생명을 중국 땅에 묻고 가셨다.

이 책의 특징

한 마디로 다양성이라 하겠다. 선교사 한 사람의 일생을 깊이 있게 다루어 은혜와 감동을 받는 것도 좋지만, 같은 시대의 다른 지역, 다른 선교사들의 삶을 동시에 바라보면서 그 시대를 조망하고, 하나님께서 어떻게 서로 다르게 각각의 선교사의 삶과 사역을 인도하셨는지를 보는 것도 나름 유익할 것이다.

선교사 개인이 자신의 사역에만 몰입하다 보면 객관성을 잃고 방향이 비뚤어질 위험이 있기 때문에 늘 다른 선교사들과 교제하고 교류하면서 자신의 사역을 점검하는 것이 필요하듯이, 같은 시대, 다른 지역, 다른 선교사, 다른 사역을 넓은 시야로 두루 보면서, 하나님께서 각기 서로 다르게 인도하시면서도 어떻게 그 속에서 객관성과 통일성을 보이시는지를 독자가 관찰할 수 있다는 것이 이 책의 좋은 점이라 할 수 있겠다.

역자 곽영은 선교사
(현 비전 교회 전도사)

추천의 글

사사기의 저자는 사사기의 첫머리에 이렇게 썼다. "그 후에 일어난 다른 세대는 여호와를 알지 못하며 여호와께서 이스라엘을 위하여 행하신 일도 알지 못하였더라. 자손이 여호와의 목전에 악을 행하여……."(사사기 2:10, 11) 이 성경 구절은 하나님께서 이전에 행하신 것을 통해 교훈을 얻고 간접 체험을 함으로써 사역의 태도를 바로잡는 것이 얼마나 중요한지를 가르쳐준다. 시편의 저자도 동일한 마음으로 이렇게 말했다. "또 내가 말하기를 이는 나의 잘못이라 자의 오른손의 해 곧 여호와의 일들을 기억하며 주께서 이스라엘에 행하신 기이한 일을 기억하리이다. 또 주의 모든 일을 작은 소리로 읊조리며 주의 행사를 낮은 소리로 되뇌이리이다."(시편 77:10~12) 과거의 경험을 통해 배우는 것을 아무도 중시하지 않는 이 포스트모더니즘의

사회에 살면서, 그리스도인은 마땅히 앞을 향해 전진하는 동시에, 과거를 돌아보아야 한다고 나는 믿는다. 우리의 하나님은 아브라함, 이삭, 야곱의 하나님이시다. 그의 행하심은 과거부터 지금까지 지속되며, 한 번도 중단된 적이 없었다.

우리는 하나님의 행하심을 주의해서 보아야 할 뿐만 아니라 하나님의 일꾼도 주의해서 보아야 한다. 히브리서의 저자는 그리스도인들이 그들 주위의 성도의 삶과 사역에 대해 "생각하며 저희 행실의 결말을 주의하여 보고 저희의 믿음을 본받으라."(히브리서 13:7)고 권면한다. 성경에도 하나님께서 어떻게 그의 종을 빚으시고 연단하셨는지에 대한 기록이 여러 곳에 있지 않은가?

바로 이런 이유로, 중국 내지 선교회 초기 선교사들의 열전을 읽을 수 있다는 것이 얼마나 기쁜 일인지 모른다.

2005년 11월에 나는 홍콩에서 저자 부부를 만날 기회가 있었고, 저자가 이 책을 쓰게 된 과정에 대해서 들을 수 있었다. 그는 초기 중국 내지 선교회의 *China's Millions*를 읽었을 때 셀 수 없이 많은 선교사들이 하나님이 부르신 자리를 지키며, 충성스럽게 중국인에게 복음을 전했다는 사실에 깊은 감동을 받았다고 눈물을 머금으며 말했다. 그 당시 저자의 모습을 나는 영원히 잊지 못할 것이다.

로버트 모리슨, 허드슨 테일러에 대해서는 많은 사람들이 알고 있겠지만, 퍼시 커닝엄 매더, 미스 수지 J. 갈런드, 아널드 스트레인지의 이야기는 몇 사람이나 들어봤겠는가? 그들도 똑같이 광활한 땅 중국에서 눈물을 흘리며 씨를 뿌렸고, 기쁨으로 거두었으며, 충성을 다한 고귀한 복음의 사자들이었던 것이다!

여러분이 최근 중국 교회의 성장에 대해 알고 있다면, 중국 교회가 타 문화 선교 사역의 비전에서도 부단히 성장하고 있음을 알 줄 믿는다. 미전도 종족에게 복음을 전하는 이야기—이것은 바로 이 책의 30명의 중국 내지회 선교사들의 이야기와 같다—는 사실상 현재의 수많은 중국 형제자매들의 삶 속에서 재연되고 있다. 2년 전, 부친과 함께 중국 서북부에 가서 자오마이자趙麥加 형제와 허언정何恩證 자매를 방문할 기회가 있었는데, 두 분의 부모님들은 모두 중일 전쟁 시기에 섬서성 서북성경학교의 동역자들이셨다. 이틀 동안 두 분을 통해 하나님께서 어떻게 복음을 들고 서쪽으로 향해 예루살렘까지 가겠다는 비전을 주셨는지를 들었는데, 얼마나 은혜를 받았는지 모른다. 비록 1949년부터 서쪽으로 향하는 문은 닫혔지만, 그들은 이로 인해 하나님께서 주신 비전을 버리지 않았다. 이분들은 50년간 신장성 서부 지역에 머물며, 예수님이 구주시라는 것을 모르는 사람들에게 여전히 복음을 전하고 계신다. 우리가 그곳을 떠나려고 했을 때, 나는 갑자기 허언정 자매가 여전히 복음 전파의 사명을 중국의 다음 세대, 타 문화 선교 사역을 할 형제자매들에게 넘겨주기를 간절히 원한다는 것을 깨달았다.

똑같은 간절한 바람과 기도를 품고, 나는 정중히 교회와 형제자매들에게 이 책을 추천한다. 이 책에 기록된 30명을 포함한 무수한 충성스런 서양 선교사들의 노고가 다시 한 번 우리 마음을 움직여, 우리가 주께 이렇게 말할 수 있기를 바란다.

"내가 여기 있사오니, 나를 보내소서!"

제임스 허드슨 테일러 4세

2005년 12월 홍콩에서

제1장

낯선 땅의 이방인

아널드 스트레인지Rev. Arnold Strange
(1897~1941)

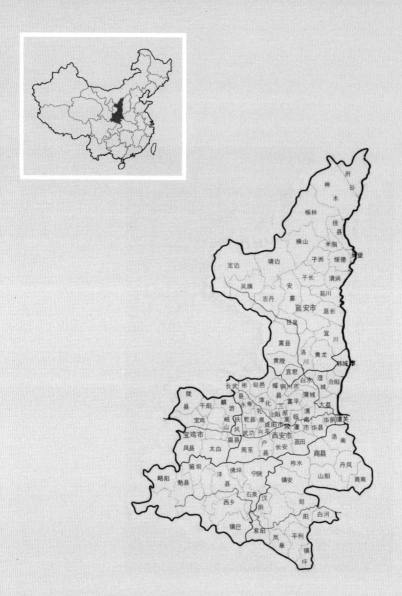

* 역자 주: 원문에는 모든 선교사들이 중국 이름으로 언급되어 있지만 독자들의 편리를 위해 역자
는 영어 이름을 사용했다.

1_아널드 스트레인지

Rev. Arnold Strange(1897~1941)

아널드 선교사는 중국어의 '더'를 성씨로 선택했는데 그의 원래 성은 Strange로서, 형용사 '낯선', 또는 '이방의'라는 뜻이다. 만약 명사로 바꾼다면 엉이의 Stranger, 즉 '낯선 사람' 또는 '이방인'이 된다. 그의 이름의 의미처럼, 그는 반평생을 타향에서 이방인으로 살았다.

고향에서 전도자가 될 준비를 하다

아널드 목사는 1897년 6월 13일 영국에서 태어나 어릴 때 부모님을 따라 캐나다로 이주했다. 중학교 졸업 때 그는 벌써 속기사의 자격을 땄다. 제1차 세계대전이 발발했을 무렵 그는 무선 통신사 훈련을 받고 영국의 한 어선에서 전쟁이 끝날 때까지 일했다. 그리고 몬트리올에

1925년 중국으로 출발 전의 아널드
스트레인지

돌아온 후 맥길 대학교(McGill University)에 진학하여 문학 석사 학위를 얻었다. 그 후 바로 무디 성경학교에 진학하여 고향에서 전도 사역을 하기 위한 준비를 했다.

그는 신학교에서 글로버(Dr. Robert Hall Glover, M.) 박사의 선교학 강의를 들었으며, 여기서 그는 글로버 박사와 사제 간의 깊은 우정을 쌓게 된다. 1924년 학생선교대회(Student Volunteer Convention)가 인디애나폴리스(Indianapolis)에서 열렸다. 그는 신학교 학생 대표 중의 한 사람으로 선발되었다. 대회에 참가하기 전, 그는 여러 차례 선교사로서의 부르심을 피하고 있었다. 그러나 이번 대회 중, 하나님은 이교도의 세계와 지상 명령의 도전을 그의 앞에 펼쳐놓으셨다. 선택의 기로에서 갈등하는 그에게 글로버 박사는 상담과 기도로 그가 해외 선교에 헌신하는 최종 결정에 영향을 주었다.

헌신하여 중국에 선교사로 가다

무디 성경학교에서 2년간 공부한 후, 그는 하나님께서 그를 중국으로 부르신다는 것을 확신하고 중국 내지 선교회(China Inland Mission, CIM)에 가입을 신청했다. 미국을 떠나기 전 그는 다음과 같이 간증했다.

인디애나폴리스에서 개최된 학생선교대회에 참가했을 때 내 비전이 얼마나 얄팍한 것인지 알게 되었습니다. 왜냐하면 전 세계가 주 예수님의 추수할 밭이고 그의 뜻은 일꾼을 땅끝까지 보내어 영광의 복음과 구원을 전하는 것이기 때문입니다. 지상 명령이 "땅끝까지 가서 주의 복음을 모든 사람에게 전하는" 것이란 걸 이미 알았으나, "나는 왜 가지 않나." 라는 문제에 부딪히지 않았더라면, 계속해서 그 일은 다른 사람들이 할 일로 여겼을 것입니다. 내가 "내가 여기 있사오니 나를 보내소서!"(이사야서 6:8)라고 말하기가 너무 어려워서 마음속에 큰 갈등이 되었습니다. 그러나 주님을 찬양합니다! 주님의 은혜는 내 모든 개인적인 욕망을 내려놓게 하셨습니다. 주께서 우리를 위해 영광의 하늘나라를 기꺼이 떠나셨다면 우리도 주님처럼 주님을 위해 우리 자신의 집과 고향을 떠나야 하지 않겠습니까?

성경은 선교의 책이며, 하나님의 교회를 향한 계획과 목적 중 일부분이 바로 해외 선교입니다. 이제 나는 기꺼이 주의 사자가 되어 중국으로 가서 복음을 전하기 원합니다.

좀 특이할지 모르지만 나는 자신이 교회를 위해 한 최고의 공헌은 나 자신을 해외 선교 사역에 헌신한 것이라고 생각합니다. 이렇게 함으로써 세상 사람들은 우리 신앙의 진실성을 보게 되고, 그리스도인들도 자기 지역에만 국한되지 않고 전

세계의 잃은 바 된 영혼들에 대해 영혼 구원의 책임을 느끼게 될 것입니다.

간쑤성 친저우 선교 센터로 첫 부임하다

1925년 11월 28일 아널드 목사가 상하이上海에 도착했을 때 중국은 혼란스러웠다. 안후이성安徽省의 안칭安慶에서 기본 언어 훈련을 마치고 간쑤성甘肅省의 친저우秦州(지금의 톈수이天水)에서 일하게 되었는데, 가는 길에 그는 내륙의 불안한 기운을 감지했다. 그는 유능한 팀장 로이드 목사(Lloyd Robert Rist)를 따라 각종 교통수단을 사용해서 1926년 7월 비로소 친저우에 도착했다. 같은 시기에 국민당 혁명군이 광둥성廣東省 광저우에서 북쪽을 향하여 출정을 준비하는 중이었고, 전 중국은 내전 속으로 빠져들었다.

당시 친저우에는 선교사가 7명이 함께 사역하고 있었는데, 선교 센터를 담당하는 로이드 목사 부부를 제외하고 에밀리 호퍼(Miss Emily K. Hopper) · R. 머피(Miss R. L. Murphy) · 로라 오스번(Miss Laura G. Osborn) · 에드워드 테일러(Mr. Edward E. Taylor)와 아널드, 이렇게 5명이 더 있었다. 본래 경력 있는 애니 갈런드 (Miss Annie Garland)와 수지 갈런드(Miss Susie. J Garland)도 있었는데, 남쪽 후이현徽縣의 새 선교 센터로 전근된 지 얼마 안 됐을 때였다.

이때 내전은 이미 간쑤성까지 확장됐다. 같은 해 8월 10일, 간쑤성의 국민군 장웨이시張維璽가 친저우를 점령하여 우페이푸吳佩孚 (1917~1924, 베이징을 지배한 중국의 군벌–역자 주)계의 콩판진孔繁錦 (간쑤성 군벌–역자 주)을 격파했고, 8월18일, 룽둥隴東(간쑤성 동쪽)의 주둔군인 장자오자張兆鉀는 란저우(간쑤성 성도)로 진공하여 국민군 을 격파했다. 8월 22일, 펑위샹馮玉祥 대표가 광저우廣州에 도착해 그 가 국민군을 국민당에 가입시켰다고 보고했다. 8월27일, 간쑤성 국민 군 려우위펀劉郁芬 · 쑨량청孫良誠 등이 우페이푸계의 장자오자 · 콩판 진을 격파하여 핑량平凉(간쑤성 동부, 친저우 동북으로 약 150km 지점) 을 점거하였다. 9월16일, 펑위샹은 우웬五原에서 군대를 출정시켜 국 민군과 북벌에 나섰다.

아널드 목사는 친저우에 도착하여 내전으로 인해 어수선한 가운 데 몇 개월을 보냈다. 그는 내전의 와중에도 계속 언어를 공부하는 외 에 현지의 교회 사역에도 참여했다. 1년 전 건립된 교회는 도심에 위 치해 있어서 복1음을 전할 기회가 많이 있었다. 11월엔 J. O. 프레이 저가 와서 11일 동안 수련회를 인도했다. 프레이저의 설교를 통해 그 는 복음이 이미 중국의 다른 지역에 있는 소수 민족에게로 전해졌음 을 알게 되었다.

간쑤성에서 철수해 나왔던 선교사들

황허 강을 다니던 뗏목

환난 중 결실을 맺은 우정

아널드 목사는 드디어 정착하게 되었고 선교 사역에 투입되었다. 뜻밖에도 1927년 3월 24일, 제1차 국공 합작 시기의 난징 사변南京事變이 발생했고, 영국 대사관은 모든 영국인들이 철수할 것을 명했다. 철수할 필요가 없다고 여기던 간쑤성 선교사들이 많기는 했지만, 대사관의 명령을 따라 철수할 수밖에 없었다. 란저우에 있는 보든(Borden) 기념병원 병원장인 조지 킹(Dr. George E. King)의 지도하에 50명이 여덟 척의 큰 뗏목에 올라 황허 강을 따라 바오터우包頭에 도착했다. 가는 길에 여덟 척의 뗏목은 모두 좌초되었는데, 의사인 조지가 물에 뛰어들어 구조하다 익사하여, 함께한 동역자들은 슬픔을 감출 수 없었다.

아널드 목사는 철수하는 선교사들 가운데 량저우凉州에서 온 위니프레드 빈센트(Miss. Winifred N. Vincent)와 알게 되었고, 이들은 피차 어려울 때 만나 좋은 친구가 되었다. 위니프레드는 영국 기독교 가정 출신으로서 14세 때 주님을 영접하였다. 1919년 그녀는 부흥회에 참석했고 선교사가 되려는 뜻을 굳혔다. 그때, 친구 한 명이 『시 목사席勝魔傳』(중국 내지 선교회 선교사에게 영향을 받은 중국 목사의 전기−역자 주)을 빌려주었고 이 책을 통해 중국 내지 선교회가 선교사를 필요로 한다는 것을 알게 되었다. 그 후 두 차례 중국 내지 선교회 선교사의

1924년 영국을 떠나기 전의
위니프레드 빈센트

설교를 듣고 그녀는 생명을 주게 드리는 것이 얼마나 영광스러운 것인지 더욱 분명하게 알게 됐다. 이렇게 위니프레드는 중국 내지 선교회에 가입하여 1924년 11월 1일 중국에 도착했다.

그들이 중국 동쪽 연안에 도착한 후 많은 선교사들이 본국 사역을 위해 귀국했다. 그러나 아널드와 위니프레드는 온 지 2, 3년밖에 안 되어 그곳에 남아 선교 센터로 돌아가기를 기다렸다. 이때부터 두 사람은 점점 왕래가 잦아지고, 서로 마음이 맞아 1928년 4월 26일, 산둥성山東省 옌타이煙台에서 결혼식을 올렸다.

섬서성 한중 센터

1928년 말, 국민혁명군은 북벌에 성공하고 동북쪽의 저항군도 투항하여 전국을 통일시켰다. 이 짧은 평화의 시기에 선교사들은 분분히 내륙의 각 선교 센터로 돌아갔다. 중국에 거주하는 선교사가 적었기 때문에 아널드 부부는 섬서성의 한중漢中으로 파송되었고 독립적으로 모든 선교 센터를 담당하게 되었다.

1929년 초, 그들은 산둥성 옌타이를 출발했는데 곳곳에서 도적이 출몰했고 더욱이 험준한 산들을 넘어야 했기 때문에 2월이 되어서야 섬서성 싱안興安(오늘의 안캉安康시)에 이르렀고, 4월에 한중에 도착했다. 그러니 길에서만 4개월을 소모한 것이었다! 그리고 선교 센터 역시 수리를 하고서야 사용할 수 있었다. 콴콴린寬寬林(선교사명) 선교

섬서성 평샹 선교 센터의 구제 정경

센터도 그 해 네 번이나 도둑이 들었고 교인들도 크게 해를 입었다.

왜 섬서성의 치안이 이렇게 나빴는가? 원래 1928년에서 1930년까지 중국의 서북과 화북에 대기근이 발생했다. 가뭄이 주된 원인이었고, 메뚜기 · 바람 · 눈 · 우박 · 물 · 전염병의 재해와 함께 발생한 거대한 재난은 섬서성과 간쑤성을 중심으로 주변 여덟 성으로 퍼졌다. 섬서성 북부가 가장 심각했는데 1929년 5월 전체 75만 인구는 40%만 남게 되었다. 섬서성 남부에는 한수이漢水 강이 흐르고 있는데, 같은 해 일련의 구제 보고 가운데 한중의 25개 현이 섬서성에서 두 번째로 심각한 재난 지역으로 거론되었다. 더구나 1930년이 되자 해마다 닥친 가뭄으로 상황이 심각해져서 섬서성 남쪽 일대는 사람들의 그림

자조차도 볼 수 없는 곳이 많았다. 3년의 대기근 중 굶거나 역병에 죽은 사람이 300만 명에 달했다. 이런 상황으로, 굶주린 백성은 생계가 막막하여 산적패가 되거나 도처에서 노략질을 했는데 아널드 목사도 직접 현지의 재난 상황을 경험했다.

니에 씨(Mr. Nieh)는 교인으로 성 80km 밖의 시골에서 살고 있었다. 1930년 봄에 강도들이 그 마을을 노략하고 주민들을 끌고 갔을 때, 그도 끌려갔다. 강도는 약탈하였고 그들을 잔인하게 대했으며 돈을 빼앗아갔다. 한 번은 머리를 싸매어 매달아 죽이겠다는 위협을 받았는데, 니에 씨는 이런 위기 중 주님의 도우심을 구했다. 며칠 뒤, 도적의 무리가 또 다른 곳에 가서 약탈하려고 인질들을 묶고는 한 사람을 시켜 지키게 했다. 그날 밤 니에 씨는 베드로가 감옥에 갇혔을 때 천사가 그를 구해준 일을 생각해내고 같은 기도를 드리며 주님의 도우심을 구했다. 밧줄을 풀기 위해 애쓴 결과, 놀랍게도 밧줄이 풀렸다. 그러나 어떻게 지키는 자의 눈을 피할 수 있었을까? 그는 보초가 코까지 골며 깊이 잠들기를 주께 구했고, 결국 그는 도둑의 소굴을 탈출하여 교회에 돌아와 주일에 간증을 했다. 이런 기적은 실제로 여러 교인들이 더욱 주를 의지하도록 격려가 되는 사건이었다.

1930년 9월 22일, 장녀 캐서린 위니프레드(Kathleen Winifred)가 한중에서 출생하여 분주하게 되었다. 부인은 휴양이 필요했고 아이도 돌봐야 했다. 그래서 동역자를 보내달라고 요청했다. 1931년 봄, 새로 온 S. 프렌참(Mr. S. C. Frencham)이 한중으로 올 준비를 했지만 후에 닝창寧羌(지금의 닝창寧强)으로 가게 되었다. 결국 아서 무어(Arthur

Moore) 부부가 한중을 지키면서 섬서성의 감독을 맡게 되었다.

아서 무어 부부가 도착한 후 아널드 일가 세 명은 1932년 4월 24일 캐나다로 돌아가 사역 보고를 했다.

그들이 캐나다에 있는 동안 섬서성의 재난은 더욱 심각해졌는데, 내지회의 핀들리 앤드루(Mr. G. Findlay Andrw)가 인도한 중국 국제기근 구제총회(China International Famine Relief Commission)의 보고에 따르면 가장 보수적인 통계로도 200만 인구가 살 곳을 잃었다고 한다. 다음은 『쯔린빠오字林報(North China Herald)』에 실린 시안西安의 한 독자의 기사이다.

> 3년 동안의 한재와 연이은 우박·풍재·황충·온역 및 일부 지역의 수재로 인해 전 성은 황폐한 땅으로 변해버렸다. 최근의 통계에 의하면 350만의 난민이 구제를 기다리고 있다. 이미 5년 동안 수확이 없다. ······그래서 대부분의 청년 장정들이 이 성을 떠나고 있다.

그들이 1933년 7월 16일 상하이로 돌아왔을 때 재난의 상황이 심각하여, 바로 섬서성으로 돌아갈 수 없었다. 동시에 부인은 임신한 상태였고 9월 2일 상하이에서 차녀 베릴(Beryl)을 낳았다.

섬서성 청구 센터

그들 네 식구는 드디어 섬서성 청구城固의 선교 센터에 도착하여 새
사역을 시작했다. 그들 외에도 1933년 중국에 온 로버트 에이먼트
(Mr. Robert F. Ament)도 있었다.

스트레인저 부인이 부녀자 사역의 책임자였으며, 매주 수요일 부
녀 성경 공부반이 있었고 많은 사람이 이 수업에 참여했다. 아널드 목
사는 일반적 사역 이외에도 정기적으로 매주 한 번 감옥 선교를 했고,
순회 선교를 하며 각 촌락에 천막을 치고 복음을 전하고 전도지를 나
누어 주었다.

1934년 4월 16일, 아널드 목사는 판타오쓰磻桃肆에서 여러 날 동
안 천막을 치고 전도했는데, 20여 명이 진리를 알고 싶어 했다. 그러
나 많은 사람이 아편을 피웠는데 그중 진지하게 관심을 보인 사람도
있어서 계속 양육하며 그들이 진실로 구원받을 수 있기를 기대했다.
후에 난정南鄭에서 온 일곱 명의 전도 팀이 천막을 스바리푸石葩里圃로
옮겨갔다. 위안장袁江에 살던 한 가정은 천막 전도를 할 때 주를 믿게
되었다. 남편이 먼저 믿은 후에 부인을 인도하여 믿게 된 것이다. 남
편은 성내로 가서 일을 했는데, 청명절淸明節이 되어 가족들이 향을 피
우며 절하고 성묘하면서 그녀에게도 권하자 그녀는 완강히 거절했고

가족들에게 맞아 온 얼굴에 피가 흐를 정도로 머리를 다쳤다. 그녀는 선교 센터에 와서 치료를 받고 1주일 후 완쾌되어 기쁘게 집으로 돌아갔다. 그 후 그 부부는 아널드 목사를 초청하여 가정 집회를 열었고, 집 안의 모든 우상을 다 없앴다.

1934년 9월 9일, 아널드는 총회에 편지를 보내 청구 사역을 간략히 보고했다.

> 무엇보다도 매주 한 번 감옥 선교를 하는데, 성과가 조금 있습니다. 감옥에서 주를 믿게 된 한 청년이 최근 석방되어 교회를 방문했습니다. 얼굴 가득 웃음을 띠며 감옥에서 주님을 믿게 되었을 뿐만 아니라 2주 후 친구 한 사람에게도 주님을 소개했다고 말했습니다. 그들은 약 15km 떨어진 곳에 살고 있는데, 매주 교회 모임에 참석하고 있습니다. 또 한 마을에서 전도할 때 한 청년이 찾아와서 자기가 감옥에 있을 때 내가 예수님을 전한 것을 듣고 믿게 되었다고 했습니다. 또 다른 한 성도가 말한 바에 의하면 어떤 이는 감옥에서 믿음을 갖게 되었답니다. 이 모든 것을 인해 특별히 주님께 감사드립니다.
>
> 다음은 교회의 한 자매 이야기입니다. 그 자매는 10여 km 떨어진 시장에 살며 종이 인형 우상을 파는 상점을 열었습니다. 최근 우리에게 와서 주를 믿으려 하지만 우상 숭배하는 사업을 하고 있어 불안하다고 말했습니다. 결국 그들 부부는 상점의 문을 닫기로 결정하고 잡화점을 새로 열었습니다.

섬서성 남부 중국 사역자들의 천막 전도

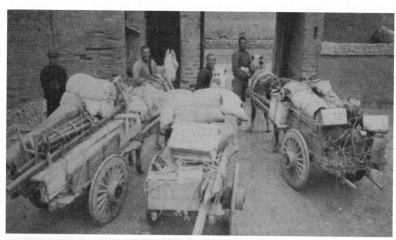

선교사들이 천막 전도를 거행하기 전 기구를 옮기는 상황, 함께 출발하기 직전의 모습

마지막으로 군인 세 명이 있는데 우리가 천막 전도할 때 믿
게 된 사람들입니다. 부대와 함께 전선으로 향하던 중 그들의
소식을 들었는데 여전히 주를 변함없이 믿고 있다고 합니다.
그중 한 사람은 전쟁 중 부상을 입고 시안西安 병원으로 보내졌
는데, 회복이 된 후 주께 자신을 드리기로 했답니다. 이는 놀
라운 주의 역사입니다. 주님께 감사하며 찬양합니다.

도보로 430km를 피난하다

천재 외에도 인재 또한 섬서성 남부 일대에 밀어닥쳤다. 북벌 이후 국
민당 정부는 여러 차례 공산군을 공격했다. 공산군(홍군)은 장시성을
따라 중국 서부를 향해 후퇴했는데 이것이 바로 역사적으로 유명한 '
장정長征'이다. 가장 먼저 장정을 시작한 공산군은 비인도적인 제4홍
군(红四方面军, The Red Fourth Army)인데, 후베이성 · 허난성 · 안후이
성 · 장쑤성 등의 4개 성 지역을 담당한 장궈타오張國燾 · 쉬샹첸徐向
前과 천창하오陳昌浩 등이 서행西行을 인도했다. 1932년 11월 중순에
는, 섬서陝西, 상현商縣 · 란텐藍田 · 옌친링沿秦嶺 · 즈우링子午嶺을 점령
하고, 푸핑佛坪 · 시샹西鄉 · 청구城固로 들어가서는 다바산大巴山을 넘
어 12월 말 쓰촨성의 퉁장通江을 점령했다. 1933년 6월 홍군은 자링
강嘉陵江 동쪽 지역을 더 점령했다. 8월 장궈타오는 쓰촨성과 섬서성
을 담당하는 소비에트 정부(중국 공산당이 구소련의 지지를 받아 세운

조직) 및 서북혁명위원회를 수립했다. 국민당 정부는 려우샹劉湘을 쓰촨 '비적토벌'(비적은 홍군을 의미)의 총사령관으로 삼고 대대적으로 진군하여 쓰촨성 동북부에서 저들을 토벌하였다. 1934년 1월 11일, 쓰촨 비적토벌군은 자오화昭化 · 젠거劍閣를 공격했다. 29일, 쓰촨 비적토벌군 5로군은 마두관馬渡關을 공격하고 평정하였다. 2월 9일 쓰촨 비적토벌군 양썬楊森 · 리자위李家鈺는 바중巴中 · 난장南江을 공격 · 점령했다.

상술한 바와 같이 홍군은 쓰촨 비적토벌군이 밀고 들어와 일부 부대는 섬서성 남부로 진입했다. 2월 8일과 9일 사이 홍군은 닝장을 점령했고 프렌참 부부와 사령관 한 명이 해를 입었다는 소문이 퍼졌다. (기록에 따르면 3월 2일 프렌참 부부는 아무 일 없이 한중에 도착했다. 사실 그들은 홍군 수하에 3주간 포로로 잡혔다가 후에 석방되었다.) 청구의 아널드는 2월 9일 토요일 당일 닝장이 이미 함락되어 홍군이 멀지 않은 곳에 와 있다는 소문이 무성했지만, 밤에 두 명의 성도에게 세례를 베풀어야 했기 때문에 날이 밝으면 피난하려고 준비하고 있었다. 그러나 집회 후 곧 전화가 와서 바로 한중에 모이라고 했다. 그리하여 부부는 두 딸을 데리고 밤새 가마를 타고 한중에 도착했다. 새벽에 도착해보니 한중의 분위기가 어수선했고 곳곳마다 난민이 가득했다. 선교센터에 도착하고 얼마 안 되어 홍군이 25km 밖에 와 있는 것을 알고 모두들 다시 피난길에 올랐다. 이미 교통이 끊겼기 때문에 부부는 각기 딸 하나씩을 안고 도보로 무리를 따라 북쪽으로 도피했다.

얼마 가지 못해 그들이 가려는 곳이 이미 홍군의 손에 들어갔다는 소문을 들었다. 그들은 멀리서 들려오는 총포 소리를 듣고 곧장 방향을 바꿔 서북쪽을 향해 산길로 갔다.(아널드 목사 일가족은 친링秦嶺을 가로질러 넘어야 목적지 평샹鳳翔에 도착할 수 있었다.) 당일 30여 km를 걸었는데 밤에 투숙한 여관은 초라하기 짝이 없었고 전쟁터에서 가까운 곳이어서 마병대가 지나다녀 밤새 잠을 이루지 못했다. 그러나 산을 넘는 피난길에 주님의 긍휼하심으로 만나게 된 짐꾼이 두 딸을 메고 갔다. 그들은 14일 동안 430여 km를 걸었다.

이번의 갑작스런 피난 중 그들은 여러 가지로 주의 보호와 보살핌을 경험했다.

먼저, 그들은 분유 두 통밖에 가져가지 못했음에도 불구하고, 한 살도 안 된 둘째 딸의 배를 굶기지 않았던 것이다.

둘째, 두 차례 성도의 집에 머물러 쉴 수 있었을 뿐만 아니라 사랑의 대접을 받았고 음식도 얻을 수 있었다. 진란 중 이는 너무나 귀중한 것이었다. 여관은 설비가 부실할 뿐 아니라 음식도 나빴기 때문이었다.

셋째, 추위 속에 산을 넘는 가운데 거의 모든 산들이 눈에 덮였지만 날씨가 맑고 좋았다. 하룻밤은 아주 추웠는데 볏짚을 덮고 잠을 잤다.

넷째는, 주님을 사랑하며 우상을 제거한 신도들이 보여준 아름다운 삶의 간증들이 그들에게는 가장 큰 위로가 되었다.

다섯째, 피난길에 복음을 들어보지 못한 많은 사람들에게 복음을 전할 기회가 있었다. 특별히 환난의 시기에 주님의 구원의 능력을 볼 수 있었다.

마지막은 피난길의 위험이었다. 피난 도중에 그들은 많은 도적을 보았고, 호랑이 · 표범 · 늑대 등의 맹수들의 출몰도 있었다. 그러나 그들은 평안히 지나온 것이다. 사실 오랫동안 그들의 소식이 없어서 평샹 선교 센터는 불안하기만 했고 심지어 영국 영사관도 조사를 하고 있었다.

청구 센터로 다시 돌아오다

이 일이 있은 후 청구가 함락되지 않았다는 것을 알게 되었다. 국공 내전은 양쪽 모두 사상자를 냈을 뿐만 아니라 국민들 역시 큰 해를 입게 했고, 다수의 선교사가 목숨을 잃었다.

1938년 6월 25일 아널드가 청구에서 편지를 보내왔다.

> 항일전으로 인해 야기된 후방으로의 후퇴로 베이징 대학^{北京}大學과 톈진 대학^{天津}大學이 현재 잠시 이곳으로 옮겨 와 있습니다. 각처에서 대학생들과 교수들을 볼 수 있는데 특히 대학생들은 매주 한 번 영어 성경 공부를 하고 싶어 합니다. 주일예배에 많은 사람이 참석하고 있는데 대학생들이 많고 심지어 교수들도 있습니다. 한 청년은 이미 주님을 믿게 되어 세례받기를 원하며 친구들에게 복음을 전하기도 합니다. 그중 많은 학생과 교수들이 그리스도인이라고 말하지만, 안타깝게도 대부

분은 열성적이지 않습니다.

아내는 주일 오후에 역시 여학생들을 위해 성경 공부반을 열어 믿지 않는 학생들을 만날 뿐만 아니라 이미 믿은 사람들의 성장을 돕길 원합니다. 이 일을 위해 많은 분들이 기도로 동참해주길 바랍니다.

섬서성의 대리 감독을 맡다

1939년 4월 29일, 난정南鄭을 공격하던 일본 비행기 두 대가 격추되었다. 다음 날은 주일이었는데 아서 무어가 성찬 예배를 인도하고 있을 때 공습 경보를 듣게 되었고, 얼마 후 일본기가 폭발했다. 당시 헬렌 돌턴(Miss Helen I. Dalton) 선교사가 병으로 누워 있었고 여러 사람이 함께 그녀의 방에 숨어 있었는데, 갑자기 큰 소리가 나며 방이 흔들리고 검은 연기와 유황 냄새가 가득했다. 새디 커스터(Miss Sadie Custer)는 천정이 부서져 내리자 헬렌의 몸에 떨어지지 않도록 자기 몸으로 그녀를 보호했다. 얼마 후 일본기가 물러가면서 기관총으로 보복 발사를 했다. 아서 무어가 창밖으로 보니 15m쯤 떨어진 곳에 폭탄이 떨어져서 9m 너비에 4.5m 깊이의 큰 구멍이 생겨났다. 그러나 그들 중 아무도 다치지 않았다. 그들은 주님의 보호하심에 감사를 드렸다.

1940년 2월 17일, 아서 무어는 사역한 지 9년 되었을 때 고국으로

일본 비행기가 폭격한 후의 도시

돌아가 사역 보고를 했고, 그를 대신하여 아널드가 섬서성 선교사들을 감독하게 되었다.

청구가 한중에서 멀었기 때문에 일본의 공습을 받지는 않았지만, 난민은 더욱 많아졌다. 아널드 목사 부부 외에 간호사 마거릿 딕키(Miss Marguerite Dickie)도 함께 구제 사역에 힘썼다. 전란으로 인해 많은 사람이 집을 잃고 떠돌았고, 선교 센터는 그들을 도우면서 특히 복음 전하는 일을 잊지 않았다. 그들의 영혼이 몸보다 더욱 중요했기 때문이다.

주님의 은혜로 믿게 된 두 명의 간증이 아널드의 마지막 편지에 언급되었다. 18년간 채소만 먹던 한 부인은 가난하고 병들어 병상에 누위 도움을 구하던 중 영혼의 구원을 받고, 병든 몸도 완전히 치유되었다. 기쁨이 충만한 그녀는, 자기 보호를 위해 항상 몸에 달고 다니던 우상을 깨뜨려 가루를 냈다. 또 다른 한 부인은 성령의 일하심으로 더 이상 대항하지 않고 주께 돌아왔다. 주를 믿고 난 후 그녀는 마약 중독으로 인해 발작을 일으키며 전신이 무력해진 친구 한 사람을 알게 되었다. 그래서 그녀는 주님을 의지해서 마약을 끊으라고 친구를 권면했다. 그녀는 이 친구를 위해 기도했고, 친구는 결국 아편을 끊고 치유를 받았다.

목숨을 빼앗아간 장티푸스

1941년 9월 초, 항일 전쟁은 최고조에 이르러 대량의 난민이 후방으로 이동했다. 아널드의 청구에서의 구제 사역은 갈수록 많아졌다. 동시에 난민들은 기후와 환경의 변화에 적응을 못했고 배고픔에 음식을 가리지 않고 먹어 탈이 난 데다 영양불량이 되어 질병도 난민을 따라 생겨났다. 많은 난민들을 접촉한 탓에 아널드는 치명적인 장티푸스에 걸렸다. 곧바로 두 번의 전보를 쳤고, 각처의 그리스도인들이 그를 위해 기도해주었다. 오랜 시간이 지나도록 청구에서 다른 소식이 없었기 때문에 사람들은 그가 평안히 위기를 넘겼다고 생각했다. 그러나, 뜻밖에도 세 번째 상하이에서 보내 온 소식은, 그가 이미 9월 28일 평안히 하늘 집으로 돌아갔다는 소식이었다.

세상을 떠나기 전의 아널드 스트레인지

만약 그가 16년의 충성스런 사역에 전심으로 자신을 드리지 않았다면, 그리고 그의 사역이 특출하지 않았다면, 그는 중대 임무를 감당할 수 없었을 것이다. 성년으로 중국에 와 시작한 선교 사역이 장년이 되어 사역의 최고봉에 다다랐지만, 주님은 그의 종을 데려가셨다. 그러나, 그는 이미 "주를 위해 고향을 떠나 모든 것을 바쳐 해외에서 복음을 전하리라"는 그의 일생의 소원을 완성하고 실천했던 것이었다.

아널드가 세상을 떠날 때는 44세였고, 아내와 11세와 8세의 두 딸을 남겼다.

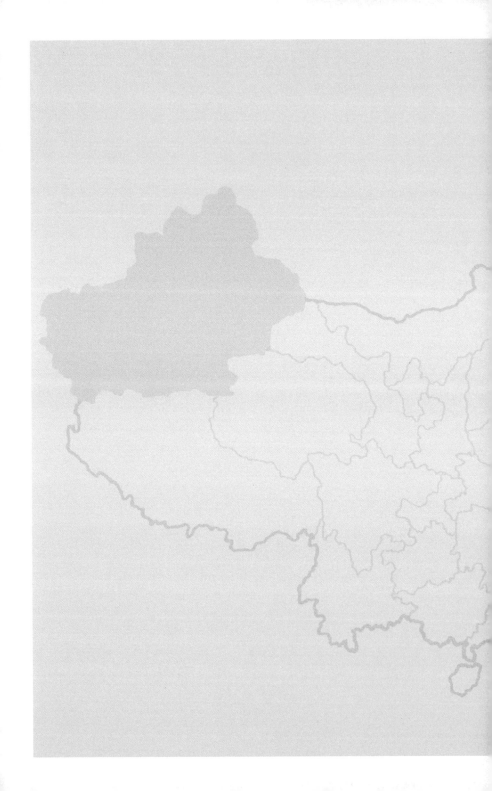

제2장

신장성 복음의 사자

퍼시 커닝엄 매더Mr. Percy Cunningham Mather
(1882~1933)

에밀 피쉬바허Dr. Emil Fischbacher
(1903~1933)

오토 프레더릭 쉐르너Mr. Otto Frederick Schoerner
(1906~2008)

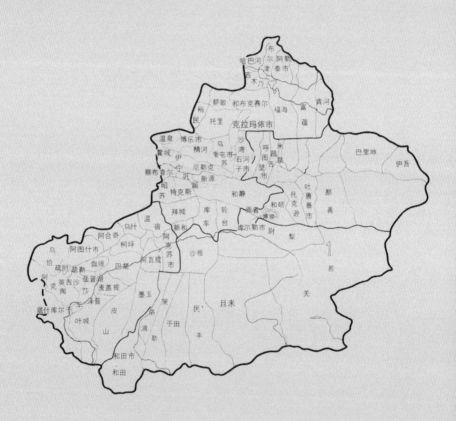

哈巴河 布尔津 阿勒泰市
吉 津
木乃

萝敏 和布克赛尔
裕 托里 克拉玛依市 沙 呼图壁 米泉
民 湾 石河子市 昌市

温泉 博乐市 精河 乌 奎屯市 苏
霍城 伊 尼勒克
察布查尔 宁 巩留 新源 和静
昭 特克斯 和硕
拜城 轮 库尔勒市
乌什 温 新和 车 台 尉
阿合奇 宿 阿 沙雅
阿图什市 柯坪 克 阿瓦提
恰 疏附 伽师 苏
莎克 英吉沙 巴楚 市
阿 莎车 麦盖提 墨玉 民 且末
克 泽普 策
塔什库尔干 皮 洛 于田 丰
叶城 山 浦 勒

和田市
和田

青河
富蕴

巴里坤
伊吾

吐鲁番市
郡善
托克逊

若

关

2_퍼시 커닝엄 매더

Mr. Percy Cunningham Mather(1882~1933)

중국 서북쪽의 최변방 지역은 바로 신장성新疆省이다. 신장의 주민들은 대부분 풀 한 포기 나지 않는 황량한 사막 지대의 오아시스에 거주하는데, 이 전기의 주인공은 머나먼 유럽에서 중국으로 와 이 지역에서 선교를 했다.

영국에서 중국으로

퍼시 커닝엄 매더는 1882년 12월 9일 영국 리버풀 북쪽의 한 어촌 플리트우드(Fleetwood)에서 태어났다. 그는 어려서부터 바다와 함께했고, 모험 정신이 풍부하며 바이올린과 하모니카 등의 악기를 잘 연주했다.

퍼시 매더, 1928년 카슈미르의주도 스리나가르에서

그는 1903년 예수를 믿고, 1908년 중국 내지 선교회에 가입하여 글래스고(Glasgow) 성경학교에서 2년간 신학 교육을 받은 후 1910년 9월 10일 영국을 떠났다. 같은 해 10월 24일 상하이에 도착한 후 곧 안후이성安徽省 안칭安慶에서 언어 훈련을 받았다. 언어를 배우는 중에 핀란드에서 온 동료가 갑자기 병에 걸려 배를 타고 우후蕪湖 병원으로 가서 수술을 해야 했고 퍼시 매더가 그와 동행했다. 그러나 불행히 수술은 실패하고 환자는 깨어나지 못했다. 그가 병원을 떠날 때에는 비가 억수같이 내려 물에 빠진 생쥐 꼴이 되고 말았다. 다음 날 자기 전 두통을 느껴서 키니네 몇 알을 먹었는데, 그날 밤 밤새도록 땀을 흘리며 추위에 떨었고 알고 보니 말라리아에 걸린 것이었다. 비록 조금씩 나아졌지만 완전히 치유되지는 못해서, 서북 신장성에 가서는 때때로 발작이 일어나곤 했다.

1911년 5월, 1급 중국어 시험에 합격한 후 그는 같은 성 닝궈부寧國府(지금의 쉬안청宣城 또는 쉬안저우宣州)에 파견되었다. 닝궈부에서 그의 음악적 재능이 복음 전도에 크게 쓰임 받은 것 외에 그는 의학적으로도 아주 박식했다. 그는 꽤 많은 의학 서적을 가져가 책의 지시를 따라 치료했고 나름대로 효과도 보았다. 가장 성공적으로 치료한 경우는 피부 상처와 종양과 같은 피부 외상이었다. 하루는 한 그리스도인 여성이 아들을 데려와 치료해주기를 요청했는데, 아이는 40도 넘게 열이 올랐고 얼굴도 붓기 시작했다. 그는 이것이 혈액 중독인가 생각하였지만 치료 방법을 찾을 수가 없었다. 그는 먼저 강한 소독제를 부어 오른 부위에 바른 후 연고를 발랐다. 사실 이것은 아주 일반적인 구급 방법이었는데, 아이는 곧 좋아졌다.

선교 사역의 재고

1913년 그는 롤런드 앨런(Rev. Roland Allen)이 쓴 책 『선교의 방식 −바울의 방식인가 우리의 방식인가?(*Missionary Method−St. Paul's or Ours?*)』를 보았는데, 앨런은 중화 성공회(Church of England Mission, North China or S.P.G., Society for the Propagation of the Gospel)의 선교사로서 1895년 베이징北京에 파송되었다. 그는 1900년 의화단의 난 때 다른 선교사들과 같이 대사관 내에 포위되어 있었다. 이 책은 여러 선교 단체에 도전이 되었는데, 퍼시 매더에게는 특별히 새로운 깨달음을 주었다. 중국에서는 안수 여부와 관계없이 전통적으로 선교사는 모두 목사라고 여겼다. 그러나 그는 이것이 옳지 않다고 생각하여 매번 사람들이 자신을 매더 목사라 부를 때마다 매더 선생(Mr. Mather)라고 부르도록 고쳐주었다. 그다음은 선교 센터 운영 방식인데 통상적으로 선교 센터를 설립한 후 선교사는 계속 그곳에 머물렀다. 그러나 그는 일정 기간만 머물고 사역이 안정되면 현지 사역자에게 인계하고 계속해서 새로운 곳에 가서 사역을 시작해야 한다고 생각했다. 사실 이러한 생각은 중국 내지 선교회의 일관된 현지화 원칙이었다.

같은 해 그는 또 다른 CIM 동역자인 조지 헌터(Rev. George W. Hunter)의 일기(『새로운 성에 도착한 여행』, 1993년, *China's Millions* 참조)를 읽고, '바울식의 선교' 사역과 조지 헌터의 신장성 사역을 연결시켰다. 조지 헌터가 10년 동안 고군분투한 데에 큰 감동을 받은 그는 아무 망설임 없이 자원하여 조지 헌터를 따라 신장성으로 갔다. 이 과정 중 그는 편지 두 통을 썼는데, 한 통은 내지회 본부의 D. E. 호스트 총재(Mr. Dixon E. Hoste)에게 신장성으로 보내달라고 쓴 것이었고, 또 한 통은 조지 킹에게 그를 동역자로 받아달라고 요청한 것이었다.

이렇게 1914년부터 두 사람은 어깨를 나란히 하여 서북 변방 지역을 종횡무진하며 복음을 위해 한마음이 되어 힘썼다. 그들 사이의 우정은 부자지간 같은 것이었다.

1914년 1월 초, 퍼시 매더는 그의 바이올린과 간단한 짐을 꾸려 닝궈부를 떠났다. 그는 먼저 40km를 걸었고 배로 우후蕪湖에 도착하여 창장 강長江(양쯔 강의 다른 이름) 물길을 따라 한커우漢口에 도착한 후, 기차로 갈아타고 허난성河南省에 들어갔다. 다시 목조 배를 타고 시안西安에 도착하여 란저우蘭州를 지나 신장성新疆省에 들어가 하미哈密에서 조지 헌터를 만났다. 그들은 5월 11일 하미를 떠나 디화迪化(지

배로 다니던 전도 여행

금의 우루무치(烏魯木齊시)에 도착했고, 그때는 벌써 5월 하순이었다.

5개월의 긴 도보 여행을 마친 퍼시 매더는 일기에 그간의 애로 사항을 다음과 같이 기록했다.

2월 2일_ 시안西安을 떠났다. 이 일정은 란저우로 파송 된 조지 킹과 함께했다. 노상의 음식과 여관은 열악했으나 그는 일기에 이렇게 기록했다. "어쨌든 여자 선교사가 참을 수 있다면 나도 고생스럽다고 말하지 않겠다!"

2월 22일_ 큰 폭설을 맞았는데, 조지 킹이 면으로 만든 신을 신고 부츠를 신지 않아 15km밖에 걷지 못했다. 걷기가 힘들어 하마터면 협곡에 빠질 뻔했다.

3월 22일_ 간저우甘州(지금의 장예張掖, 간쑤성 중부의 도시)를 지나면서 나는 서북 지역이 복음이 가장 필요한 지역인 것을 절감했다. "나는 복음이 가장 필요한 곳에 갈 것이다, 거기는 바로 사역하기 가장 어려운 곳이다."

4월 5일_ 수저우肅州(지금의 주취안酒泉, 간쑤성 서북부의 도시)의 큰 길 가에서 바이올린을 연주했더니 5분 만에 2,300명이 모여들어 그를 에워쌌다. 두 시간 동안 노상 전도를 하면서 전도지를 나누어 주었고 복음서는 거의 모두 팔려버렸다.

신장성 디화 센터

디화에서 일한 지 1년 후, 그는 크게 흥분하여 상하이 본부로 편지를 보냈다.

이 성 중에는 많은 회회인回回人과 동깐인東甘人이 살고 있는데* 특별히 성의 남쪽 근교에는 수천 명이 있고 열 명 중 여덟 명은 회교도입니다. 그들의 종교 지도자는 복음에 대해 아주

---

* 회회인은 Turki Mohammedan의 번역으로 그들의 선조는 주로 아랍이나 페르샤, 그리고 중앙아시아의 무슬림이다. 동깐인은 Chinese Mohammedans의 번역으로 한족 회교도, 중앙아시아에서 중국으로 온 무슬림의 후손들.

적대적이며 우리를 멸시합니다. 그러나 평범한 동깐족은 비교적 접촉하기 쉽습니다. 어떤 때는 그들 몇몇 사람들이 무리를 지어 길거리에 앉아 대화를 나누다가 우리가 지나가는 것을 보면 소리 질러 부르며, "이리 오세요! 여기 앉아서 우리에게 복음을 전해주세요."라고 합니다. 우리는 주님의 인도하심을 기도하며, 기쁜 마음으로 그들과 말씀을 나눕니다.

특히 한 번은 회회인 가게 주인이 가게 앞에 서서 자기 가게 안으로 들어가자고 불렀습니다. 마침 그때 비가 내렸는데, 나도 비를 피해야 했기에 들어가 보았습니다. 단지 두세 마디 인사를 나누었을 뿐인데 그가 회교 문자로 된 전도지를 꺼내 비웃듯이 내 앞에서 그 옆에 선 회족 물라毛拉(Mullah, 종교 지도자에 대한 이슬람 경칭)에게 건네주었습니다. 그 물라는 거리로 나가더니 많은 사람이 주시하는 앞에서 성냥 한 개를 꺼내 전도지를 불태워버렸습니다. 그 일로 많은 사람들이 가게 안으로 들어와 혼잡했지만 나는 이 기회를 놓치지 않고 그들에게 큰 소리로 복음을 전했습니다. 그때 그는 팔꿈치로 나를 치며 나를 경멸하듯이 그 물라를 가리키며 크게 웃었습니다. 그러나 나는 아무래도 상관없다는 듯이 계속 설교했고 군중도 온 정신을 집중하여 말씀을 경청했습니다. 나는 한숨에 설교를 마쳤고 사람들에게 교회에 와서 복음에 대해 더 듣기를 권했습니다. 그리고 그 가게 주인에게 감사의 말을 전하고 아주 기쁜 마음으로 집에 돌아왔습니다.

그의 편지에서 볼 수 있듯이, 비록 짧은 1년이었지만 그는 이미 신장의 민심·풍속과 습관을 조금이나마 알고 있었고 언제 어디서나 기회를 잡아 회족과 동깐족 사람들에게 복음을 전할 줄 알았다. 그리고 특별히 이슬람 지도자들이 복음을 무시하는 것을 알았다. 비록 복음 전하기가 이토록 어려웠지만 밭을 기경하는 그의 열정은 소멸되지 않았다.

그가 신장성에 도착했을 때는 마침 민국民國 1년(신해혁명이 일어나 쑨원孫文이 중화민국을 세운 첫 해, 1911년)이었다. 그때 신장성의 인구는 약 200만 명이었고 회교도는 그 중 96%를 차지했다. 신임 성장省長 양쩡신楊增新은 청나라 말기의 신하였는데, 그는 자신의 정권을 견고히 하기 위해 각종 우민 정책을 시행했다. 그는 '이이제이以夷制夷(한 세력을 이용해 다른 세력을 제어함을 이르는 말)'의 전통을 계승하여 디화의 24개 모스크에 수천 명의 회교도를 징집하여 5개 부대의 '신장 회교 부대'를 조성해서 디화에 주둔시켰다. 그 후 계속 15개 부대로 확충하여 그를 옹호하는 '치안부대'를 형성했다.

1916년 5월 한 중국 군인이 세례를 받았다. 왕씨 성의 이 형제는 열심히 주님을 증거하면서 그의 동포들을 데리고 와 말씀을 듣게 하며 그들의 훌륭한 조력자가 되었다. 그러나 그는 큰 핍박을 받게 되었는데 이는 그가 '신장 회교 부대'의 일원이면서 유일한 기독교인이었기 때문이다. 그는 교육을 받아 읽고 쓸 줄 알았으며, 퍼시 매더는 그가 부르심을 받고 사역자가 되기를 바랐다. 그는 간절히 부대를 떠나기를 원했지만 그의 상사는 그를 놓아주지 않았다. 또 한 젊은 동깐족

군관은 자주 모임에 참여했지만 그의 상사가 이 사실을 안 후 계급을 강등시키겠다고 위협했고 그는 두려워 모임에 오지 않았다. 이는 회교도 군대 안에서의 사역이 얼마나 어려운지를 여실히 보여준다.

신장 투루판의 회교 사원

1917년 9월 4일, 퍼시 매더는 편지를 보내어 견디기 어렵고 끝도 없는 우민 정책을 언급했다.

첫째, 양쩡신은 단지 '백성들의 지식 계발'이 두려워서 문화 봉쇄를 추진하고 신사상·신문화의 수입을 제지했다. 모든 신문을 경내에 반입시키지 않아 백성들은 베이징에서 최근 무슨 일들이 일어났는지를 전혀 몰랐다. 또 양쩡신은 폐쇄 자구 정책을 추진하여 교육을 발전시키지 않았는데, 이는 학교를 '혼란을 일으키는 근원지'로 여겼기 때문이다. 취임 후 재정을 곤란하게 함으로써 러시아어 법정학당(당시의 최고 학부)·성립중학교와 사범학교(초등학교 교사 양성 학교) 모두를 정지시켰고, 원래의 초등학교 고학년과 저학년 과정만을 유지시켰다.

둘째, 퍼시 매더는 신임 성장省長이 우상 숭배를 지지하여 전염병이 유행하자 전 성에 종이 깃발을 달도록 명령한 것을 보았다. 그는 '당근과 채찍의 두 가지 수단'으로 회교도를 대하기 위해 회교의 물라와 아훙(Ahung, '사제(priest)'의 뜻)을 특별히 존중하여 예우하고 그들이 관청의 민사·형사 안건을 처리하는 데 도움을 주도록 하면서 그들의 지위를 상승시켜주었기 때문에 이것이 복음 사역의 장애가 되었다.

셋째, 퍼시 매더가 가장 불만스러워한 것이 있었다. 바로 아편 흡입이 아주 보편화된 것이다! 그는 여러 차례 전보국 직원들이 많은 사람이 보고 있는데도 공개적으로 아편을 흡입하는 것을 보았다! 이런 황당한 실상은 여러 사람의 마음을 아프게 했다. 이러한 사회와 백성들을 어찌 현지의 협조 없이 선교사들만의 힘으로 감당할 수 있었겠는가!

드러내어 하는 전도 사역

1918년 5월 중순, 퍼시 매더는 그의 몽골족 하인을 데리고 디화 동부의 무레이木壘(Muliho, 지금의 무레이 하싸커 자치현)로 가서 두 명의 그리스도인을 심방했는데, 가는 도중 전도지를 나누어 주며 복음을 전했다. 이 하인은 중국어 표준어와 회족어와 카자흐어를 구사할 수 있어 통역을 도왔다.

무레이에 도착하여 두 명의 그리스도인을 만났는데, 그들은 기쁨이 충만했고, 그리스도인으로서 성결한 삶을 힘쓰고 있었다. 또 그들 가게에서 일하는 견습생들을 불러 함께 3일간의 예배에 참석하도록 했다. 8일을 걸어가야 비로소 그리스도인을 만날 수 있는 곳이었기에

몽골족 하인 님기르

신장성의 몽골인과 그들이 사는 천막(파오)

그들은 그 넓은 지역에서 주 예수 그리스도를 증거하는 유일한 증인이 되었다! 그들은 한커우漢口 전도지 공회가 제작한『가정 기도서』를 한 권 얻게 되어 너무 기뻤고, 매일 아침 점포에서 함께 시편 한 편을 읽고 기도한 후, 주기도문을 함께 낭송했다.

돌아오는 길에 싼타이三臺 진을 들렀을 때 한 연로한 라마승이 특별히 와서 자기를 방문해달라고 했다. 그래서 그는 장막을 하나하나씩 방문하며 전도지와 약 등을 나누어 주었다. 또한 하인의 통역으로 모든 라마승들에게 복음을 전했다. 다음 날 몽골 왕자의 궁에 가서 그를 만났는데, 그는 우호적이었으며 퍼시 매더가 하는 일이 무엇인지 물었다. 그는 몽골어·만주어·티베트어로 된 전도지를 꺼내 그에게 보여주며 복음을 전하기 위해 왔다고 말했다. 왕자는 전쟁에 관한 일과 그의 사진기에 대해 물었으며 여러 색깔의 꽃씨를 얻고 싶어 했다.

모든 여정 가운데 항상 복음을 전할 기회가 있었던 것에 대해 퍼시 매더는 깊이 감사하였는데, 특히 더 많은 몽골인들과 함께하며 예수님이 주님이라는 것을 알리고 싶어 했다.

보이지 않는 전도 사역

1918년 러시아 10월 혁명 후, 대량의 백족 러시아인 난민이 신장성으로 유입되어 국경을 봉쇄했고 심지어 나가서 전도도 할 수 없게 되었다. 그리하여 하나님은 퍼시 매더가 첫 중국 선교사 로버트 모리슨

(Robert Morrison)처럼 복음을 전하는 동시에 번역 일을 하게 하셨다. 그는 열심히 배우고 노력하여 세 권의 거작을 완성했다.

첫째, 영어–몽골어 사전(Mongolian-EnglishDictionary)*.

둘째, 몽골어 교과서(Mongolian TextBook).

셋째, 만주어 사전과 문법(Manchurian Grammar and Dictionary).

이러한 자료들이 있어서 뒤를 이어 오는 선교사들이 비교적 쉽게 중국 변방의 사역지로 들어갈 수 있었다.

1922년 5월 31일, 그는 신장 동북부를 3주간 다녀온 기록을 남겼다. 한 청년이 그와 동행하며 복음서 판매와 복음 전도를 도왔다. 무레이에 도착하니 두 형제가 그를 맞아주었고 또 은퇴한 형제가 있었는데, 세 사람은 한마음으로 주님을 증거했다. 그들은 주일마다 가게 문을 닫고 영업을 하지 않으면서 더 많은 시간을 들여 복음을 전하고 진도지를 나누어 주며 복음서를 판매했다. 또한 가게 문에다 성경구절을 써서 붙이기도 했다. 그에게 가장 위로가 된 것은 그와 동행한 청년인데, 그가 바로 이 고장 출신이었기 때문이었다. 6년 전 그가 이곳에 와서 복음을 전했을 때 이 청년은 전도지를 받고 복음서를 구입하여 집에 돌아가 열심히 연구했다. 그리고 이해되지 않는 것이 있을 때마다 이들을 찾아와 물었고, 후에 주를 영접했다. 이번 고향 길에는 퍼시 매더와 도처에서 복음을 전할 뿐만 아니라 이전에 학생의 신분으로 있었던 모스크에 담대하게 들어가 주님을 증거했다. 당연히 그

---

* 러시아–몽골어 사전에서 한 러시아인의 도움을 받아서 영어로 번역한 것을 퍼시 매더가 수정 편집, 인쇄한 것.

는 극심한 반대와 모욕을 당했고 '하나님이 포기한 사람'이라는 욕도 들었다! 그러나 그는, "그렇지 않다! 하나님은 작은 참새 한 마리도 돌보시기 때문에 나도 반드시 돌보아 주실 것이다."라고 그들에게 하나님의 말씀으로 대답했다.

집을 떠난 지 16년이 되자 퍼시 매더는 1926년 9월부터 1928년 9월까지 본국에서 사역 보고를 하며 가족들과 함께 시간을 갖기도 하고 여러 곳을 다니며 간증을 했다. 이외에도 특히 몽골인을 사랑했던 그는 오랜 기간 그들과 함께 하며 몽골인이 각종 안과 질병에 시달리는 것을 보고 기회가 있으면 안과 질병 방면의 의학을 공부하고 싶어 했다.

그가 의사가 없는 지역에서 사역을 했기 때문에, 이런 특수 상황을 고려하여 맨체스터 로열 안과 병원(Manchester Royal Eye Hospital)은 전례를 깨고 그를 특별 학생으로 받아들였다. 다른 학생들과 같이 수업을 듣고 안구 구조에 대해 강의를 듣기도 하고 수술실에서 의사의 수술 과정을 관찰할 수 있도록 해주었다. 또 진찰부로 가서 증상에 따른 약을 어떻게 쓰는지도 배웠고 간단한 수술도 해보았다. 그는 교수들에게 훌륭한 학생이라고 칭찬을 받았을 뿐만 아니라, 이런 의학 공부의 기회가 없었던 과거의 유감스러움을 만회하는 계기가 되기도 했다.

뿐만 아니라 한 유명한 외과 의사가 퍼시 매더의 품성에 감동하여 치과와 정형 외과 병원에 소개서를 써주어 치아 관리와 골절 처리에 관한 의술을 배울 수 있도록 해주었다.

신장성은 남쪽(난장南疆)과 북쪽(베이장北疆)의 두 구역으로 나뉘어 있다. 신장 남부는 위구르족(Uygur)이 거주하는 곳인데, 농업 생산에 주로 종사하며 목축업은 소수이다. 신장 북부는 카자흐족과 몽골족이 거주하며 목축업을 위주로 하고 대외적으로는 러시아와 크게 무역을 하고 있었다. 그래서 북쪽은 남쪽에 비해 교육이 발달했을 뿐만 아니라 인구도 많았다. 퍼시 매더와 조지 헌터 두 사람도 신장성 북쪽에 비교적 자주 갔다.

　당시의 교통은 극도로 불편했는데 디화에서 54일을 걸어야 서쪽 변방의 카스略+에 도착할 수 있었고 다시 18일이 걸려야 북쪽의 이리伊犁에 도착했다. 그래서 그들은 자주 같이 가거나 각자 다른 곳으로 가서 선교·심방을 하거나, 책을 팔고 전도지를 나누어주곤 했다. 가장 멀리는 러시아 경계에 접해 있는 도시와 산과 들에 가서 카자흐인과 몽골인에게도 복음을 전했다. 퍼시 매더가 남긴 기록을 본다면 독자들도 그의 선교 사역의 어려움을 조금이나마 공감할 수 있을 것이다.

헌터와 퍼시 매더. 그들 사이의 우정은 부자지간과 같은 것이었다.

1929년 5월 7일, 그는 혼자서 몽골족 하인 님기르Nimgir를 데리고 말 두 필과 당나귀 한 마리를 끌고 디화 동부의 작은 마을로 가서 두 명의 그리스도인을 심방하려고 했다. 첫날은 조지 헌터가 동행했는데 25km 정도밖에 가지 못했다. 둘째 날 45km를 걸어 푸캉阜康에 도착해서 거기서 두 시간 동안 전도하고 복음서를 팔았다. 그런데 한 회족 젊은이가 다른 사람의 종용을 받아 그가 샀던 책을 여관으로 가져와 잔뜩 화가 나서, 그것은 나쁜 책이니 사지 않겠다고 말했고 또 다른 한족도 똑같이 행동했다. 퍼시 매더는 이 기회를 이용해서 그들에게 설명해주고 전도도 했지만 옆에 있던 사람들도 모두 이 두 사람을 따라 부화뇌동했다. 결국 퍼시 매더가 그들이 산 책 값을 돌려주고 나서야 그들은 돌아갔다.

9일 새벽 다시 길을 떠나 40km를 가서 싼타이三台에 도착했다. 오후에는 세 시간 동안 전도하며 책을 팔았는데, 사람들의 반응이 아주 좋았다. 재미있는 것은, 한 회교도가 회족 언어로 된 『천로역정』을 구입했는데, 그는 회교 사원의 맞은편에 살고 있었다. 한 물라가 그가 퍼시 매더의 손에서 책을 받아 드는 것을 보고 "당신 무슨 책을 산 거요? 나 좀 보여주쇼!"라고 소리 질렀다. 퍼시 매더도 무슨 일인가 궁금해 하며 그에게 갔더니 그가 "이게 무슨 책이오?"라고 물었다. 그는 "『천로역정』이오"라고 대답했고 그가 또 질문하려고 하자 퍼시 매더는 먼저 읽어보라고 권했다. 그래서 그는 호기심으로 그를 둘러싼 여러 사람들을 향해 큰 소리로 한 장씩 읽었고, 읽을수록 재미를 느꼈다. 전도자가 그리스도인을 인도하여 빛을 향해 가는 대목까지 그가

신장성의 회회인(왼쪽)과 92세의 동깐인(오른쪽)

읽었을 때 퍼시 매더는 그들을 떠났다. 모두가 열심히 듣고 있을 때, 한 회족인이 마가복음을 들고 보는 척하며 슬그머니 책을 가져간 줄은 아무도 몰랐다. 퍼시 매더는 그가 성서에 숨겨진 보물을 발견하기를 간절히 바랐다.

11일 아침엔 일찍 출발하여 30여 km를 다시 걸어 지무싸얼吉木薩爾에 도착했다. 여기 사람들도 아주 우호적이었고 기꺼이 책을 구매했다. 그는 한인(Chinese), 동깐인(Tongan), 회회인(Turki), 카자흐인(Kazak)과 몽골인(Mongol)들에게 복음을 전하고 책을 소개했다.

13일 오후 내내 쌓인 눈길을 걸어 산 위에서 산 아래의 마을인 무레이진木壘鎭까지 내려갔다. 밤에 그가 심방하고자 했던 원溫씨 성의 형제의 집에 도착했고 그들은 기쁨이 가득하여 함께 주님을 찬양했다! 다음 날 마을 대표가 그들을 보고자 했고, 그는 만나자마자 한눈에 그를 알아보았는데, 원래 마을 대표와 퍼시 매더는 디화에서 서로 알고 지낸 사이였다. 퍼시 매더는 그에게 신약 성경 한 권을 선물했다. 곧이어 만난 몽골 주둔 사령관 역시 디화에서 몇 년 동안 알고 지낸 사람이었다. 퍼시 매더는 그의 딸과 병사들에게 약을 선물한 후, 마을에서 복음을 전하고 서적을 소개했다.

톈산天山 복음 전도길

1929년 6월 27일, 그는 조지 헌터와 님기르와 회회인(중앙아시아, 서아시아, 신장 지역의 이슬람교인—역자 주) 하인을 데리고 많은 물건을 싣고 디화에서 출발하여 서쪽으로 향했다. 톈산天山을 따라 산간지역의 몽골인과 카자흐인들에게 복음을 전했는데, 1,500km가량 떨어진 이닝伊寧에 도착할 때까지 복음 전파는 계속되었다. 한참을 걸은 후 양쪽이 흰 눈으로 덮인 산봉우리 사이에 이르렀다. 마나쓰瑪納斯 강(River Mujuk)을 따라 가다가 가장 높은 곳에 도착했을 때 님기르가 고열이 나서 더 이상 갈 수 없어 쉬어야 했고, 마침 식량도 거의 떨어졌다. 사방에 사람 그림자 하나 보이지 않는 산속이었고, 30여 km 밖으로 더 가야 몽골족 마을이 있었다. 님기르는 장티푸스로 고열이 나는 것 같았는데, 아주 위험한 상태였다. 여러 약물을 써보는 것 외에 할 수 있는 것은 간절히 기도하는 것이었다. 심하게 흔들리는 천막 안에 걸어

둔 달력의 성경 한 구절이 그의 눈에 들어왔다. "공중의 새를 보라 심지도 않고 거두지도 않고 창고에 모아들이지도 아니하되 너희 천부께서 기르시나니 너희는 이것들보다 귀하지 아니하냐?" 그러나 이런 높은 산중에 어디서 하나님의 까마귀를 볼 수 있단 말인가? 다음 날 아침 먼지를 풀풀 날리며 두 명의 카자흐인이 산등성이에서 올라왔는데, 사람도 말도 무척 지쳐 보였다. 원래 그들은 여행 안내자들인데, 한 영국인을 데리고 톈산 여행을 하다 도적을 만나게 되어 길을 돌이켜 동쪽으로 100여 km 떨어진 곳에 있는 몽골족 왕자에게 보고하려고 가는 길이었다. 이 이야기를 듣고 그들은 무척 기뻐했다. 왜냐하면 님기르의 큰 형이 이 몽골족 왕자 숙소의 라마였기 때문이었다. 그래서 편지 한 통을 그 라마에게 전해 님기르의 상태를 알려달라고 부탁했다.

여기서 퍼시 매더의 일기를 함께 보도록 하자.

7월 18일 _ '오늘의 말씀. 시편 9편 9~10절.' 아침 일찍 모든 사람들이 나무를 구해다 불을 지폈다. 아침을 먹으며 회족 하인이 근심이 가득해 말했다. "겨우 쌀 두 그릇과 콩 한 그릇밖에 남지 않았어요." 그래서 나는 시편 말씀을 읽어주면서 특별히 '여호와'에 힘을 주어 말했다. 듣고 나자 그도 표정이 밝아졌다. 사실 아침에 나무를 주울 때 마음에 성경 한 구절이 떠올랐다. "하나님이 광야에서 능히 식탁을 준비하시랴?"(시 78:19) 이 말씀은 나를 미소 짓게 했고, 정말 조금의 의심도 없이 오로

지 믿음으로 하나님께 도전해보기로 했다. 아침을 먹고 다시 나무를 주웠는데, 뜻밖에도 두 인도인을 데리고 있는 영국 군인을 만났다. 알고 보니 그는 이전 티화에서 서로 알고 지내던 숀버그 대령(Col. Schonberg)이었고, 그가 바로 하나님이 보내주신 큰 까마귀였던 것이다. 곧 뒤를 이어 큰 무리의 회족인과 인도인 고용인들이 도착했고 모두 네 개의 큰 천막을 쳤는데 마치 사람이 북적거리는 작은 마을을 형성한 것 같았다. 대령이 내게 "30분 후에 함께 차를 드시지요." 라고 청해왔다.

차와 빵과 버터, 치즈, 과일 잼이 펼쳐진 식탁을 보니 아침에 본 그 말씀이 떠올랐다(시편 78:19 "하나님이 광야에서 능히 식탁을 준비하시랴?"). 그때의 내 감격을 어떻게 표현할 수 있으랴! 그는 넓은 아량으로 포대를 풀어 님기르에게 깡통 우유와 맥아당과 약을 주었다. 우리에게 준 것은 쌀·밀가루·설탕·버터·치즈·코코아·자두잼·소다가루·칡가루와 우리가 제일 좋아하는 과일잼이었다. 식사 후 도구를 꺼내 높이를 재보니 우리가 있던 곳은 해발 3,000m 지점이었던 것이다!

8월 17일 _ 우리는 드디어 안전히 이닝伊寧에 도착했다. 조지 헌터의 밤낮을 가리지 않은 간호와 치료 덕분에 님기르는 드디어 건강을 회복했다. 여정이 느려질수록 오히려 더 많은 몽골인과 카자흐인들을 접촉할 기회가 많아져서 그들에게 복음을 전했다. 복음을 전혀 들어보지 못한 그들에게는 아마 복음을 들을 다음 기회가 없을지도 모르는 일이었다. 하나님이 우리의 믿음을 더 강하게 해주셨고 어떤 상황에서든 말씀을 꼭 붙들라고 하신다. "하나님은 능히 광야에서 식탁을 베풀 수 있으시다!"

신장성 타청 센터

1930년 7월, 퍼시 매더는 홀로 신장성 서북 변경에 있는 타청塔城에 거주하며 의료와 전도 사역에 힘썼다. 한인 · 러시아인 · 타타르인 · 시보인(Sachs) · 카자흐인 · 동깐인 · 만주인(Manchus)과 칼미크인(Mongol-Kalmyk) 등에게 각기 다른 언어로 된 성경 단행본을 팔면서 그 지역에 사는 각 민족들의 복음에 대한 반응을 더욱 깊이 체험하게 되었다. 또한 그는 열심히 번역 작업을 벌였다. 그리고 1931년11월이 되어 타청을 떠나 디화로 돌아왔다. 위에 언급한 민족들 외에도 그들은 성경 단행본과 전도지를 아랍인(Arabic), 티베트인(Tibetan) 및 누하이인(Noghai)들에게 나누어 주었다. 이와 같은 각기 다른 문자의 단행본과 전도지들은 모두 대영 성서공회(British and Foreign Bible Society)가 무료로 그들에게 보내준 것이다.

한 언어와 문자를 배우는 일은 많은 시간을 요하는 일이다. 퍼시 매더가 선교를 시작할 때 그는 아무 두려움 없이 각 민족 안으로 들어갔다. 그는 복음을 전하면서 동시에 언어를 배웠고 사역지가 곧 그의 언어 학교였다. 몽골어 선교사를 구하지 못했을 때 한 죄수가 중국어와 몽골어 모두 능하다는 사실을 듣게 되었다. 그는 곧 감옥 간수의 허락을 받아 매일 감옥으로 가서 그 죄수에게서 몽골어를 배웠다! 그의 몽골어는 이렇게 배운 것이었다.

1931년 11월 6일, 그는 번역 사역에 부담을 느꼈는데, 타청에서 보내 온 편지에서 이를 알 수 있다.

> 이것은 아주 어려운 사역이었지만 하나님의 도우심으로 나는 해낼 수 있었습니다. 만주어 문법, 만주어 사전, 만주어와 몽골어 고사성어 소책자, 타타르어 사전과 서몽골어 사전(Kalmuks Dictionary). …… 나는 언젠가 이 번역 사역으로 인해 하나님께서 영광을 받으시고, 영혼들이 구원을 얻고 복음이 더욱 널리 퍼지게 될 날이 올 것을 믿어 의심치 않습니다! 특별히 '전진 운동(Forward Movement)'에 호응하여 온 새로운 선교사들을 생각하며 올해 안으로 번역을 완성하고자 스스로를 재촉했습니다. 외국어를 배우는 데 사전과 문법의 도움이 없다면 얼마나 어려운 일인지 저는 경험으로 알고 있습니다. 앞으로 오게 될 선교사들이 각 지역 언어 사전으로 언어와 문자를 배울 수 있으니 이 얼마나 효과적인지요!

해발 3,000m 고산의 식탁. 하나님은 능히 광야에 식탁을 베푸실 수 있다.

디화의 누하이 사람들

6명의 선교사를 환영하다

1932년 9월 13일, 조지 헌터와 여섯 명의 선교사가 네이밍구로 차를 몰고 들어왔다. 그들은 의사 에밀 피쉬바허(Dr. Emil Fischbacher), 레이먼드 조이스(Mr. Raymond H. Joyce), 조지 홈스(Mr. George F. Holmes), 윌리엄 드루(Mr. William J. Drew), 오토 쉐르너(Mr. Otto F. Schoerner)와 오브리 파슨스(Mr. Aubrey F. Parsons) 등이었다.

그리하여 퍼시 매더는 급히 각종 필수품을 준비하여 이 신예 부대를 맞이했다. 11월 12일, 그의 가족에게 보내는 글에 다음과 같이 기록했다.

> 조지 헌터 등 일행 일곱 명이 드디어 평안히 도착했습니다. 여섯 명의 청년은 각기 장점들이 있는데, 내가 이렇게 많은 사람들을 돌보느라 얼마나 바쁜지 가히 상상할 수 있을 겁니다. 나는 집을 네 명의 청년들이 거주하도록 내주고 조지 헌터의 집으로 옮겼습니다. 하인들을 합해 우리들은 모두 13명이 되었는데, 바꿔 말하면 14개의 화로가 필요하다는 것입니다. 그러나 연료는 더욱 구하기 힘들군요.

그때 전투가 빈번하고 농민은 사방으로 흩어졌으며 물자는 특히 부족하고 양식도 끊어졌다. 퍼시 매더와 넘기르는 영하 20도의 추위를 무릅쓰고 말을 타고 성을 빠져나가 농가로 가 물건을 구했다. 조지 헌터가 연로했으므로 퍼시 매더는 일상생활의 필요를 책임졌을 뿐만 아니라 부상병 치료를 돕기 위해 통역을 했고 의료 사역도 했다.

타인을 위하여 자기를 희생하다

1933년 정월 회교군 마중잉馬仲英의 난이 확대되어 퍼시 매더와 조지 헌터 및 여섯 명의 새로 온 선교사들은 에밀 피쉬바허의 지도하에 모두 부상병 구호 사역에 투입되었다. 이렇게 수고한 지 몇 개월이 지난 후, 뜻밖에 퍼시 매더와 의사 에밀 피쉬바허는 치명적인 장티푸스에 감염되어 5월 24일과 27일에 세상을 떠났다.

1920년대 디화 거리 풍경

조지 헌터는 장례를 인도했고 러시아인 침례교 찬양대의 찬양이 있었는데, 찬양대 중에는 그들이 몇 주 전에 세례를 준 사람도 있었다. 찬양은 참으로 감동적이었다. 한 회족인 회교도는 슬퍼하며 "퍼시 매더는 10명의 인생에 해당되는 가치 있는 삶을 산 사람입니다. 그가 어디를 가든지, 성내에 있든 시골에 있든 혹 산속에 있든 사람들은 어디서나 그를 알아봤고 그를 존경했습니다!"라고 말했다. 옆에 있던 젊은, 새로 온 오브리 파슨스도 다음과 같이 말했다.

비록 함께한 시간은 짧지만 퍼시 매더가 나에게 준 인상은 아주 깊었습니다. 어떤 경우라도 그는 손을 내밀어 다른 사람을 도왔고 넓은 아량으로 사람들의 마음을 감동시켰습니다! 그는 몽골인에게 전도하는 일에 큰 부담을 가졌고 우리가 이곳에서 자리 잡도록 도와준 후에 곧 몽고를 향해 출발하려고 했습니다. 그런데 이제 누가 그곳으로 복음을 전하러 가겠습니까?

가장 마음이 아픈 사람은 70세 고령의 조지 헌터였다. 감당하기 힘든 충격이었지만 그는 믿음 안에서 희망을 가졌다! 6월 초, 그는 본부에 다음과 같은 보고서를 썼다.

이렇게 큰 손실을 생각할 때마다 나는 말할 수 없이 슬픕니다! 우리의 형제 퍼시는 각 민족의 언어에 정통할 뿐만 아니

퍼시 매더와 피쉬바허의 묘비

피쉬바허의 장례 모습

라 신장 각 민족이 존경하고 사랑하는 사람이었습니다. 그러나 그의 죽음은 결코 헛되지 않다고 나는 감히 말할 수 있습니다. 그는 한 알의 밀이 되었고 많은 열매를 맺었습니다! 내가 살아 있는 동안 그 열매를 이미 보았을 뿐만 아니라 다른 사람들도 동일하게 증거하고 있습니다! 다른 사람이 나에게 어려움을 해결해달라고 왔을 때 나는 항상 "퍼시 매더에게 물어봐요!"라고 말했습니다. ……

그는 일생 동안 "오히려 섬기려 하고"라는 말씀을 따라 살았습니다. 회교도가 어려움을 당하거나 어린아이가 병이 났다거나 부녀자가 불행 중에 빠졌을 때, 그는 항상 곧 손을 내밀어 도와주었습니다.

새로 온 젊은 선교사들도 아주 열심히 일했는데 주야로 쉼 없이 부상병들을 돌봤습니다. 두 명의 성장省長(진수런金樹仁과 성스차이盛世才), 우체국장, 각급 장관들과 한족과 러시아 그리스도인들 모두 진심으로 우정 어린 애도를 표했습니다. 정부가 무선전신국 부근 정부 땅을 증여해주어 '타인을 위해 자기를 헌신*한 우리의 두 형제를 고이 모셨습니다.

---

* 이것은 성 정부 및 민중들이 퍼시 매더와 에밀 피쉬바허를 애도하며 이들을 묘사한 내용이다.

3_에밀 피쉬바허

Dr. Emil Fischbacher(1903~1933)

세계 백과사전에는 20세기 초 장티푸스로 죽은 군인이 전쟁터에서 죽은 군인보다 더 많다고 기록되어 있다. 제1차 세계대전 이후 소련 공산당 혁명 중 300만 명이 장티푸스로 사망했다. 제2차 세계대전 시기에는 북아프리카와 유고슬라비아, 일본과 한국 등지에서도 장티푸스가 유행했다.

20세기 전반 무렵 중국에서는 군벌의 활거로 인해 곳곳에 내전이 일어났고, 다른 사람들을 위해 자기를 희생하거나 부상병을 구호하는 일을 하다가 장티푸스에 감염된 선교사들이 적지 않았다. 본문에서 기록하는 의사 에밀 피쉬바허도 그중의 한 사람이다.

한 집안의 세 자녀가 중국 선교에 헌신하다

에밀 피쉬바허는 1903년 8월 9일, 영국 글래스고에서 태어났다. 부모님은 경건한 그리스도인으로서 주를 사랑하는 분들이었는데, 여덟 명의 자녀를 낳았다. 그는 여섯 번째 자녀로서 위로 세 명의 형과 두 명의 누나가 있었고 아래로 남동생 하나 여동생 하나가 있었다.

그의 부친은 해외 선교에 헌신했다. 자녀들 중 다섯 명은 선교사가 되기를 희망했고, 모든 비용은 선교회가 아닌 자신이 감당하길 원했다. 이 목표를 이루기 위해 그는 열심히 일했고 결국에는 성공한 사업가가 되었다

그의 큰누나 엘리자벳 피쉬바허(Miss Eilzabeth Fischbacher)는 맨 먼저 중국 내지 선교회에 가입해서 13년간 사역했다. 그녀와 양짜오탕楊紹唐 목사는 산시성山西省 홍퉁洪洞 신학교에서 함께 중국 사역자들을 교육하는 사역을 했다. 그녀는 중국 내지 선교회에서 은퇴한 후 독립 선교사가 되어 부흥회를 인도하며 니퉈성倪柝聲의 영적 성장을 도왔고, 유명한 '성광聖光학교' 인런센尹任先 학장 역시 그녀의 도움을 받았다. 그의 어린 남동생 시어도어 피쉬바허(Mr. Theodore Fisch-bacher)는 그가 소천한 후 중국 내지 선교회에 가입했다. 그는 중국에서 결혼하고 자녀를 낳았으며 15년간 사역했지만, 1949년 부득불 중국을 떠나야 했다.

열심을 품고 주를 사랑하는 부친의 훈도 아래 자녀들은 어려서부

터 주일학교 및 각종 집회에 참석하여 믿음을 키우고, 세례를 받고 주님께 돌아왔다. 에밀 피쉬바허가 열두 살이 되었을 때 커서 무엇이 될 것인지 질문을 받았는데 그는 아무런 거리낌도 없이 "선교사가 될 거예요."라고 대답했다. 그때, 그는 이미 예수 그리스도가 없는 사람은 희망이 없는 사람인 것을 알고 있었다. 그러나 그가 의대에 진학한 후 이 비전은 점점 희미해졌다. 그는 에든버러와 글래스고 대학의 L.R.C.P와 L.R.C.S. 자격을 취득한 후 여러 병원에서 근무했고, 맨체스터(Manchester)에서 개원한 후 의술로 유명해져 앞길이 촉망되는 젊은이였다. 당시 그는 여전히 선교지로 가고는 싶어 했으나 그것도 단지 의학상의 문제를 연구하는 일에 흥미를 느꼈기 때문이었다.

하나님의 부르심

1931년 5월 말, 그는 영국판 *China's Millions*에서 짧은 글을 읽었는데, 그것은 선교지의 한 선교사가 쓴 「청년에게 고함(To Young Men by a Missionary in the Field)」이라는 공개 서신이었다. 첫 단락의 몇 구절이 그의 주의를 끌었다.

> 우리는 200명의 선교사가 필요함을 호소합니다. 2년 가까운 시간이 흘렀지만 이 목표는 이루어지지 못했습니다. 당신은 이 호소에 어떻게 응답하시겠습니까? 아마 많은 다른 의견을

내며 반대할지 모르겠습니다. 그러나 만약에 당신이 반대한다면 주께서 다시 오시는 그날에 어떻게 예수님께 대답해야 할지에 대해서는 생각해보셨나요?

이 호소문을 읽은 뒤, 비록 누구에게 신청서를 보내야 할지 몰랐지만 그의 마음에선 지금 바로 *China's Millions*의 편집자에게 편지를 써 보내라고 재촉하는 소리가 들렸다.

나의 원래 희망은 아프리카로 가는 것이었고, 중국에 가는 것은 생각도 하지 않았습니다. 그러나 지난 주말 저녁, 나는 *China's Millions* 최근 호의 「청년에게 고함」이라는 호소문을 읽고서 곧장 편지를 쓰지 않을 수 없었습니다.

이렇게 그는 중국 내지 선교회에 가입했고, 200명 선교 용사 중 하나가 되어 1931년 12월 31일, 영국을 떠나 중국으로 향했다. 출발 전 그는 간증문을 기록했다.

의술을 배운 이유가 복음을 전하기 위해서였는지 아니면 의사가 되기 위해서였는지, 나는 계속 생각해보았습니다. 올해 6월호 *China's Millions*에 실린, 선교사로 헌신하여 중국으로 가라는 호소문을 보았을 때, 이 부르심은 계속하여 내 마음속에서 맴돌고 사라지지 않았습니다. 그날 밤 큐티 시간에 하나님은 특별히 에베소서 3장 7~8절 말씀으로 나에게 말씀하셨습니다. "하나님의 은혜의 선물을 따라 내가 일꾼이 되었노라……." 이 말씀이 나에게 새로운 깨달음을 주었습니다. 믿지 않는 사람들에게 그리스도의 그 측량할 수 없는 풍성함을 전하는 이 존귀한 사역이 하나님께서 내게 주신 최대의 '은혜의 선물'이라는 것입니다. 그러나 그때까지 나는, 설령 버지 선교회에 신청했다 하더라도 허입이 되지 않을 수도 있다고 생각했습니다. 그러나 그날 밤, 주님은 에베소서 3장 20절 말씀으로 나의 믿음을 견고케 하시며 은혜를 주시고 이 일을 주께 맡기도록 하셨습니다. "우리 가운데서 역사하시는 능력대로 우리의 온갖 구하는 것이나 생각하는 것에 더 넘치도록 능히 하실 이에게." 그렇습니다! 하나님은 진실로 후하게 은혜를 주셨습니다. 나는 성경 말씀 가운데 "금세에 백배나 받는다"(눅 18:30참조)는 말씀이 진실됨을 증명할 수 있고, 이 말씀은 약속대로 이미 내게 이루어졌습니다.

처음 받은 전쟁 세례

1932년 2월 1일, 에밀 피쉬바허가 배를 타고 상하이에 도착했을 때, 상하이에서는 마침 항일의 거센 흐름을 대변하는 '1·18사변(상하이 사변)'이 발발했다. 1931년 9·18사변(만주 사변)부터 1932년 1월 2

일 일본군이 진저우錦州를 침입할 때까지 약 100일 동안 동북쪽은 일본군에게 완전히 함락되었다. 상하이 시민들의 애국 정서는 강하게 불타올랐고, 그들은 항일 애국회를 조직하여 일본 제품을 배척했다. 일본은 설상가상으로 어이없게도 상하이 시장에게 여러 사항을 더 요구했고, 일본 영사는 1월 26일 최후통첩을 보내 48시간 이내에 회답할 것을 요구했다. 우톄청吳鐵城 시장은 마침내 굴복하고 1월 28일 오후 2시 일본의 모든 요구를 받아들인다는 내용의 각서를 보냈다. 그러나 밤 11시 30분 일본 해병대는 자베이閘北를 공격했고 중국 19로군 장뤄쏭張若崧 군단이 이에 저항하여 상하이 항일 '1 · 28사변'이 일어났다. 필사적으로 싸운 지 1개월쯤 된 3월 2일, 중국군은 철수했으나 사기와 민심은 하늘을 찌를 듯했으며 이런 상황은 각계의 찬탄과 동정을 얻어냈다.

상하이의 전쟁으로 안후이성安徽省 안칭安慶 언어 학교로 가서 훈련을 받으려고 했던 계획은 미뤄지게 되었다. 상하이에 체류하는 동안 에밀 피쉬바허는 수많은 부상병을 돌보았고, 쉽지 않은 일인데도 자신을 돌보지 않고 앞장서서 구호 사역에 참여했다. 여러 가지 일로 일정이 지체된 뒤 그는 드디어 내륙으로 들어가는 배에 오르게 되었다. 배에는 850명의 난민이 타고 있었는데, 이는 기본 승선율의 3배를 넘는 것이었다! 다음 날 아침 그들은 40~50척의 일본 대형 군함을 지나쳐 창장 강(양쯔 강)을 따라 약 600km를 항해하여 안칭에 닿았다.

안칭 언어 학교

2년 안에 200명의 선교 용사들이 다 왔기 때문에 언어 학교의 숙박 분배 문제에 대해서 신경을 두 배나 써야 했다. 그들은 모두 72명이었는데 68명이 언어를 배웠다. 그중에는 독일인 7명, 스위스인 1명, 스웨덴인 2명, 뉴질랜드인 2명, 호주인 8명, 스코틀랜드인 4명이 있었고, 그 나머지는 영국과 미국, 캐나다에서 왔다. 훈련은 일반 과정보다 짧아 2개월쯤 뒤엔 끝날 예정이었다.

그중 의사 에밀 피쉬바허, 레이먼드 조이스(Mr. Raymond H. Joyce), 조지 홈스(Mr. George F. Holmes)와 윌리엄 드루(Mr. William J. Drew)는 모두 영국에서 왔고, 미국의 오토 쉐르너(Mr. Otto F. Schoerner)와 호주의 오브리 파슨스(Mr. Aubrey F. Parsons) 등 6명은 훈련을 마친 후 함께 서북 신장新疆의 디화迪化(지금의 신장 웨이우얼 자치구의 우루

1932년 안후이성 안칭에서 훈련받던 신임 선교사 단체 사진

무치烏魯木齊)로 파송되었다.

차별 없는 같은 대우

에밀 피쉬바허가 안칭에서 훈련을 받을 때, 아들에 대한 사랑이 지극한 그의 부친은 아들이 선교 기관의 도움을 받을 필요 없이 자신이 직접 경제적으로 그를 후원하겠다는 편지를 보내왔다. 내지 선교회는 본래 믿음의 선교 기관으로서 본인 가족의 지원 이외에 모든 교회와 개인이 보내온 헌금은 한 계좌로 모았다가 각 선교사 가정의 필요에 따라 평균적으로 공급하게 되어 있었다. 다시 말해서, 전체 선교사는 일률적으로 평등하며 빈부를 함께 나누는 것이었다.

에밀 피쉬바허는 전적으로 내지 선교회의 믿음 생활의 원칙에 동의하며 부친의 호의를 완곡히 거절했다.

> 아버님이 제 사역의 동역자가 되어주심에 감사합니다. 경제적으로뿐 아니라 기도에 있어서도요. …… 경제적으로 저를 지원하시겠다는 일에 있어 직접적이든 혹은 간접적이든 선교 단체를 거치는 것은 주께서 보실 때는 똑같은 것입니다. …… 그러나 단체의 한 일원으로서 다른 동역자들과 동등한 대우를 받는 것이 비교적 좋을 듯합니다. …… 이처럼 믿음의 선교 단체에 가입했으니 모든 필요를 위해 기도로써 주의 은혜를 바

랄 뿐입니다. 아버님의 호의를 제가 받아들일 수 없다고 말씀
드리는 것은 다른 사람의 영향을 받아서가 아니라 저와 하나
님 사이의 관계에 기초해서 결정한 것임을 이해해주시기를 기
대합니다.

남매지간의 깊은 정

1932년 5월 19일, 그들 6명만이 안칭 학교에 남아 출발을 기다리고
있었다. 그들은 둥베이東北 지역의 다렌大連에서 러시아 시베리아 철
도 기차를 타고 여러 곳을 거쳐 중러 접경지 서북구의 싸이지보塞桔泊
(Sergiopol)시에 도착한 후 신장성 타청塔城에 이르러 노새와 말을 타
고 디화에 이를 계획을 세웠다. 단지 러시아 비자 작업이 많이 늦어져
서 그들은 먼저 상하이로 돌아가 다시 계획을 세우기로 했다.

상하이로 돌아온 그는 오랫동안 만나지 못했던, 산시성 훙퉁에서
온 누나 엘리자벳을 만났다. 그녀는 지난번 집에 갔을 때, 영적인 일
에 대해서는 일절 언급하지 않았던 때와 비교해 너무 달라진 동생을
볼 수 있었다. 그의 영적인 성장을 보고 그녀는 너무 기뻐했고, 3주간
의 휴가 기간 동안 동생과 많은 영적인 대화를 나눴다. 그녀가 가장
잊을 수 없는 일은 첫날 만나 남매가 함께 무릎 꿇고 기도한 것인데,
그녀는 처음으로 동생이 이렇게 기도하는 것을 들었던 것이다. "주님!
사실 내려놓는다는 것이 하나도 어렵지 않군요. 정말 그렇습니다. 왜

냐하면 하나님의 행하심이 너무나 놀랍기 때문입니다."

신장성에 이르는 교통상의 어려움

그들 6명은 상하이에 체류하고 나서야 러시아가 이미 공산당 집권의 소련으로 바뀌어 종교 관련 인사들이 선교하는 것을 환영하지 않을뿐더러 절대로 비자를 내주지 않을 것이라는 사실을 알게 되었다. 그들은 본래 고대의 실크로드로 해서 간쑤성을 거쳐 신장성으로 갈 수 있으리라 생각했다. 그러나 당시의 국민 정부는 공산당 홍군을 토벌하고 있었기에 섬서성, 간쑤성 일대에 전쟁이 잦았고 길이 절대적으로 불안전했다. 그리고 또 다른 길은 인도의 북쪽 길을 통하는 것인데, 히말라야 산맥을 지나 신장으로 들어가는 방법이다. 그러나 이 길은 여정이 길고 시간이 많이 들 뿐만 아니라 높은 산과 험한 골짜기를 지날 수 있는 시기 또한 극히 짧았다.

　1932년 4월, 핀들리 앤드루(Mr. G. Findlay Andrew)는 구제 사역으로 전에 비행기를 타고 차를 몰아 서북 일대를 다녀본 적이 있었다. 그래서 그는 개인적으로 에밀 피쉬바허에게 "왜 몽골로 해서는 가지 않는 거죠?"라고 물었다. 왜냐하면 이전에도 여러 탐험대가 그 노선을 이용했기 때문이었다. 이 제의는 정말 놀라운 것이었는데, 피쉬바허는 원래 자동차를 좋아할뿐더러 수리하는 데도 능숙했던 것이다. 그는 신중을 기하기 위해 심사숙고하며 여러 가지를 생각해봤다. 그들 중 세 명이 차를 운전할 수 있지만 어떤 차를 사용할 것이며, 어떻게 해체시키고, 부속품을 얼마나 써야 하며, 휘발유를 얼마나 넣어야 3,000km나 되는 여정을 무사히 마칠 수 있단 말인가? (6월14일 그가 남동생에게 보낸 긴 내용의 편지 중 이러한 계획과 토론이 기록되어 있다.)

몽골을 통해 신장성에 가려 하다

각 부문의 허가를 받은 후, 8월 13일 피쉬바허와 경험이 풍부한 조지 헌터(Rev. George W. Hunter)가 먼저 베이징으로 가서 포드 1.5톤짜리 화물차와 부속품을 구매하고 다른 여러 가지 일들을 처리했다. 그들은 또 소더봄(Mr. Soderbom) 선생과 핀들리 앤드루를 만났다. 전소더봄은 전에 스벤 헤딘(Sven Anders Hedin, 스웨덴 탐험가) 박사의 탐험대의 일원이었고 엔타이 즈푸芝罘 학교의 졸업생이기도 했다. 그들은 모두 귀중한 경험을 피쉬바허에게 나누어 주었다.

다른 다섯 명의 선교사들도 베이징에 도착한 후 업무를 분담했다. 오토 쉐르너는 일용 물자를 맡았고, 윌리엄 드루는 전등과 난방 장치 관리를 맡았으며 조지 홈스는 총책임 엔지니어가 되었으며, 오브리 파슨스는 휘발유·기름·물통 관리와 바퀴에 바람 넣는 일을 맡았고, 레이먼드 조이스는 운반 및 여정 일지 기록을 맡았다. 일행과 각자의 짐 외에도 그들은 또 1,800리터의 휘발유와 부속품 등 약

상하이에서 출발하기 전 여섯 명의 선교사

그들이 사용한 두 대의 포드 자동차

1,800kg, 필요한 물품 · 의약품 · 식품과 기타 부속 등 약 450kg을 실어가야 했다.

화물차가 텐진天津에서 준비되고 있었기 때문에 2주 후 피쉬바허와 조지 홈스는 텐진으로 가서 차를 받아 베이징으로 몰고 갔다. 9월 8일 철로를 이용해 사람과 차를 싣고 장자커우張家口로 향했다. 사흘을 기다려 운전 면허증을 교부받고 9월 13일(화요일)에, 20일 정도 예정으로 여정을 시작했다.

몽골의 사막을 횡단하다

9월 13일 새벽, 그들은 위풍당당하게 지금의 허베이성河北省 장자커우에서 출발하여 만리장성을 지나 지금의 네이멍구內蒙古 자치구에 진입했다. 이번의 장거리 여행에 대해 첫 부분을 오토 쉐르너는 이렇게 기록하고 있다.

> 이 3,000여 km의 여정 중 경험한 각종 어려움과 위험, 장애물들을 묘사해야 한다면 아무리 많은 종이가 있어도 다 기록할 수 없을 것이다. 그러나 꼭 하고 싶은 한마디는, 우리가 간구한 일에 대해 하나님의 은혜와 사랑이 그토록 기묘하게 나타났던 것을 본 적이 없다는 것이다. 우리는 모두 세 개의 대륙(호주, 북미와 유럽)에서 왔으니 전 세계가 우리를 위해 기

도한 것이다! 우리는 또 우리가 가는 이 길이 주님의 뜻이므로, 우리를 반드시 목적지로 인도하실 것을 확신했다.[*] 매번 뜻하지 않은 일을 만날 때마다 우리의 금과옥조는 "우리를 사랑하시는 이로 말미암아 우리가 넉넉히 이기느니라."(로마서 8:37)였다. 그렇다, 그 안에서 우리는 영원히 승리하는 것이다!

그들은 네이멍구 북부를 따라 서쪽을 향하는 노선이었다. 첫 12일의 일기는 다음과 같다.

첫날, 90여 km를 달렸다.
둘째 날 오후, 스웨덴 몽골 선교회(Swedish Mongol Mission)가 경영하는 선교 센터에서 여러 학생과 몽골 목사님 한 분을 만나게 되었다. 어떤 지역은 한 시간에 40여 km 가까이 갈 수도 있었으나 대부분은 한 시간에 25~30km밖에 못 갔다. 휘발유가 부족할까 염려되어 교역지 뻬이리먀오貝力苗(Beili Miao)를 지날 때 휘발유를 200리터 더 채웠다. 그 후에는 갈수록 길이 험해졌는데, 사실 길 자체가 없었고 황막한 땅에서 스스로 길을 만들어 가며 전진해야 했다.
닷새째 날, 40여 km를 달렸다.

---

[*] 그들은 9월 13일에 출발해서 총 20일 후, 10월 3일 도착 예정이었다. 그런데 상하이 본부는 10월 11일 우루무치에 무선 전보를 보내 그들의 행방을 찾으려 했지만 답장을 받지 못했다. 그래서 10월 하순에 인쇄된 *China's Millions*에 특별히 그들의 여정이 안전하기를 부탁하는 기도 제목이 실려 있었다.

길이 없어서 스스로 길을 만들면서 가야 했다.

여섯째 날, 9월 18일 주일, 하루 쉬었다. 7위안을 주고 몽골인에게서 양 한 마리를 사서 몽골인 여행 안내인이 바비큐를 만들었는데 맛이 일품이었다.

일곱째 날 월요일, 차 한 대의 변속기(transmission)에 문제가 생겨 25km밖에 못 갔다.

여덟째 날 9월 20일, 먼지바람이 크게 일었고 게다가 번개를 동반한 비까지 겹쳐 하루 종일 발이 묶였다.

아홉째 날 수요일 아침, 바람이 잠잠해지고 날이 좋아져 차를 해체해보니 큰 바퀴 축의 스프링이 없어졌다. 이 황량한 사막에서 스프링을 어떻게 구한단 말인가! 아침에 몽골인 안내인이 힘을 너무 쓰는 바람에 보온병을 깨뜨렸는데, 그 보온병 안에 스프링이 있었다. 이 스프링을 약간 고쳤더니, 그것이 바귀 축에 사용하기에 딱 맞는 부속품이 되었다. 저녁때가 되어서야 차 수리 작업이 끝났다.

열흘째 날, 9월 22일, 45km밖에 가지 못했다. 차가 거의 뒤집히는 바람에 모두 차에서 피해 달아났다. 몇 시간이 지난 후에야 이 위험한 상황에서 벗어났다.

열하루째 날, 새벽 4시에 출발하여 저녁 7시에 쉬었고, 모두 110km를 달렸다. 여러 곳을 높은 변속(top gear)으로 달렸더니 각 차량이 60리터의 휘발유를 사용했다!

열이틀째 날, 9월 24일 토요일, 메마른 강바닥을 따라 가다 갑자기 거대한 굉음과 함께 차가 큰 구덩이에 빠지듯 추락했다. 내려서 보니 차의 절반이 강바닥의 부드러운 모래 속에 빠졌는데 차 두 대를 전혀 움직일 수가 없었다! 우리는 5시간 동안 한편으로는 차를 밀어 올리고 한편으로는 큰 경사를 만들어 1m 높이의 강변으로 끌어 올렸다.

11일 후 고비 사막의 북부에 진입했는데 2, 3일분의 식수를 메고, 낙타 무리를 따라 진행했다. 늘 높은 산을 넘고 강을 건너야 했고 유사流沙를 만날 때마다 위아래로 경사진 언덕에서 피해야 했는데 어떨 때는 급히 길을 바꿔 행해야만 했다.

이렇듯 흔들리며 1,500km를 달려 9월 29일 네이멍구 서부의 어지나치額濟納旗 시에 도착했다. 이곳은 간쑤성 자위관嘉峪關 동북쪽 400km 지점에 위치한 오아시스였다. 성 밖의 와야오퉈아이 瓦窯駝埃에서 그들은 베이징에서 받아 온 소개장을 탐험대장 호너 박사(Dr. Horner)에게 주었고, 중·스위스 자연 탐험대(Sino-Swedish Scientific Expedition's Camp)의 극진한 영접을 받았다. 호

구덩이에 빠진 화물 자동차

머 박사와 중국 동역자 첸錢 선생(Mr. Chen)은 지질학과 기상학의 관찰 연구를 함께하고 있었는데, 반 년 동안이나 외국인을 보지 못했다며 유쾌하게 맘껏 대화를 나누었다. 대화 중 그들 선교사 일행은 전체 여정 중 가장 큰 어려움을 직면하고 있음을 알게 되었다. 그들 앞에는 건너야 할 상이 다섯 개가 있는데 그때가 물이 넘칠 때라 많은 짐을 실은 화물차가 그 강들을 건너기는 무리였던 것이다. 호너 박사는 아낌없이 곧 그들에게 25필의 낙타를 빌려주며 사용하도록 해주었다.

그러나 차 한 대가 고장이 나서 적어도 3, 4일은 걸려야 분해하고 수리할 수 있었다. 다행히 호너 박사가 손님 접대를 좋아해 매일 저녁 그들을 초대해 함께 식사했고 자기 집처럼 편하게 쉬도록 해주었다. 몽골식 천막도 하나 내주며 그들이 편히 머물도록 해주어 2주간을 잘 쉴 수 있었다. 이것은 그들의 여정 중 가장 쉼을 누렸던 때인데, 10월 1일에 피쉬바허는 휴식용 간이 의자에 앉아 그의 눈앞에 펼쳐진 풍경을 기록했다.

내 눈앞은 끝없는 사막이지만 내 오른쪽에는 작은 호수 두 개와 큰 호수 두 개가 있고, 뒤쪽의 두 호수는 큰 나무들에 둘러싸여 있다. 왼쪽에는 바다가 있는데, 역시 많은 나무들이 에워싸고 있다. 그림 같은 이런 풍경이야말로 신기루 같지 않은가!

다시 출발하기 전 휘발유가 부족하지 않을까 걱정하고 있을 때 생각지도 않게 호너 박사가 스벤 헤딘 박사 탐험대가 남겨놓은, 20리터 휘발유 10통을 가져다 쓰고 후에 베이징 본부에 돌아가 대금을 지불해도 좋다고 권했다. 이는 참으로 하나님의 놀라운 예비하심이었다! 그들은 호너 박사의 호의를 받아들였고 차를 비우기 위해 물자와 휘발유 등을 낙타 등에 실어 강을 건넜다.

그들 앞에는 쑤까오蘇高 호(Sogo Nor)와 자순伽順 호(Gashun Nor)가 있었는데, 세 강의 지류가 수까오 호로 유입되기 때문에 이 호수를 돌아가면 세 강의 지류를 피해 갈 수 있었다.

사막 한가운데서 금보다 귀한 휘발유

10월 5일, 오토 쉐르너와 레이먼드 조이스 두 사람은 낙타 무리에 모든 물자를 싣고 약속된 지점으로 옮겼다. 남은 일행은 다음 날 빈 차로 약 50~60km를 북행했고 쑤까오 호를 돌아 다시 남행했다. 처음 15km는 길이 꽤 괜찮았고, 다음 40km는 시속 30km 의 속도로 갔다. 가는 길은 내내 부드러운 모래와 소금으로 된 식물이 자라지 않는 불모지여서 높은 변속으로 가야 했고, 100km를 돌아가는 데 130리터의 휘발유와 40리터의 물을 사용했다! 오후 4시가 되어서 다른 일행들을 약속 장소에서 만났을 때, 낙타에 짐을 싣고 간 이들이 아주 쉽게 세 개의 강을 건넜다는 것과 강물이 줄어들었다는 소식을 듣고 앞에 있는 아오보구허澳伯古河(Oboingol)는 그대로 건너기로 결정했다. 그러나 몽골 황후(Turgot Mongol Queen)가 그들을 방문하여 자동차와 축음기에 관심을 보이고 심지어 비스킷을 즐겁게 맛보는 탓에 그들은 하루를 더 지체할 수밖에 없었다.

10월 9일 주일, 그들은 부근의 산에 올라 함께 예배를 드리며 찬양과 기도를 드렸다. 이 소리가 골짜기에 메아리쳤는데, 이는 그 지역에서 처음 들린 찬양이었던 것이다! 다음 날 아침 그들은 차 안의 모든 전기 부속품을 해체한 후 낙타 일곱 마리가 차를 끌도록 하고 가장 큰 강을 건넜다!

그들은 다시 자동차의 부속을 조립한 후 이튿날 10월 12일 점심 무렵에 다시 길을 나섰고, 80km를 더 가서야 마지막으로 건너야 할 무렁구木仍古(Muringol)강에 도착했다. 그들은 이것이 가장 어려운 관문이라고 생각했는데, 오후 6시 반에 강 건너편에 도착할 줄은 생각도 못 했다가 순식간에 강을 건너게 되어 다들 한마음으로 주님을 찬양했다!

몽골식 천막 앞에서의 헌터와 일행

낙타 무리가 화물차를 끌고 강을 건너는 모습

신장성에 들어서다

그들은 계속 낙타가 다니도록 만든 길을 따라 높은 산과 깊은 계곡을 지나, 10월 14일 마침내 신장성 변경에 도달했다. 이미 초겨울이 되어 저녁 기온은 17도로 내려갔다. 이번 여정에서 사용한 휘발유 양은 예상을 초과하여 10월 17일 신장 동부의 큰 관문인 하미哈密 시에 도착했을 때 남은 휘발유는 거의 없었다. 그들은 주의 보호하심과 보살피심에 깊이 감사드렸다. 그러나 막 긴 여정이 끝나고, 여러 어려움과 장애를 극복하고 목적지를 눈앞에 두고서 그들은 또 신장 내전의 소용돌이 속으로 휘말려 들어갔다!

사실상, 그들이 신장으로 가려고 준비했을 때 이미 간쑤성 회족 지도자 마중잉馬仲英의 반란이 일어났었다. 그는 본래 서북쪽 회족 마씨 3대 군벌의 하나인 마치馬麒의 당질로서, 15세에 마치의 부대에 들어가 1928년 17세 때 아버지를 대신하여 대대장직을 맡아 간쑤성 허저우河州에서 회민 대폭동을 일으켰다. 그는 4년간 간쑤甘肅 · 칭하이青海 · 신장新疆 등의 성에서 반란을 일으켰다. 1932년 난징 국민 정부에 투항하여 새롭게 편성된 36사단에 편입되고 사단장에 임명되었다. 공교롭게도 그 해 여름 신장성 주석 겸 총감독인 진수런金樹仁이 일본 육군 대학에서 유학한 35세의 군관 성스차이盛世才를 동로군 비적 토벌 사령관으로 임명하여 하미 일대에서 반정부군 회민과 싸웠고 이에 분개한 마중잉은 다시 반란을 일으켰다.

이 여섯 선교사가 여정을 시작하기 한 달 전, 마중잉은 연대장 마스밍馬世明을 시켜 병사를 끌고 신장으로 들어가 하미 왕실의 위구르족 수령과 연합하여 반란을 일으키도록 했다. 전투는 하미·투루판吐魯蕃·산산鄯善·튀커순托克遜 일대에서 인근 40여 개 현으로 이어졌다. 10월 중순 선교사들이 하미에 진입했을 때 주변 지역은 이미 전투가 진행 중이었다. 하미 주둔 정부군도 전투로 인해 휘발유 일체를 통제하여 한 방울도 사적인 목적으로는 사용할 수 없었다. 그들은 2주 동안 부단히 디화 성 정부와 교섭하였고 피쉬바허는 결국 가져온 귀중한 의약품을 필요한 휘발유와 교환했다! 11월 1일 그들은 다시 여정을 시작했다. 원래 계획했던 대로 톈산 남쪽 기슭의 넓은 국도를 따라가면 2, 3일 만에 도착할 수 있는 거리였다. 그러나 당시 산산·투루판·튀커순 등지의 전투가 이 직통 대로를 끊어버렸다. 다음은 윌리엄 드루의 기록이다. "대략 전체 여정의 절반을 가서 우리는 다시 톈산을 넘어야 했고 산평지를 지나 또 다른 쪽의 사막 평지에 도착했다." 이렇게 그들은 톈산 북쪽 기슭의 치타이奇台에 도착했다. 길도 돌아왔고 좋지 않은 길을 만나 휘발유를 너무 많이 사용해버렸기 때문에 거기서 그들은 1주일을 기다려 다시 휘발유를 보급하고 나서야, 마지막으로 남은 여정 200km를 더 행하여 마침내 11월 9일 새벽 디화에 도착했다.

디화에 도착하다

연말 즈음에 마중잉은 다시 마취안루馬全祿가 이끄는 부대를 보내어 디화를 공격했다. 한때 도시는 잔뜩 겁에 질려 상점 문을 닫았고 우체국조차 영업을 정지했다. 그러나 대규모의 정부군이 다른 곳에서 들어와 방어해준 덕에 민심은 조금 안정되었다. 1933년 1월 마중잉은 다시 친히 주력 부대를 이끌고 간쑤성에서 신장성으로 들어와 하미를 빼앗았다. 정부군은 여전히 디화에 주둔하여 부근 지역을 지키며 반군과 대치했다.

그들은 한 달이나 늦게 도착했고, 통신 또한 신장성의 내전으로 지연되었다. 런던 사무실은, "미국 필라델피아의 한 아마추어 무선 통신인이 그들이 평안히 디화에 도착했다는 소식을 듣고 우리에게 전해주었다!"라고 기록했다.

이 시기의 여정을 되돌아보면서 피쉬바허는 개탄해마지 않았다.

특별히 제가 놀란 일이 있습니다. 그것은 바로 전체 여정이 3,000km이었는데 우리가 지난 복음 센터는 한 곳뿐이었다는 사실이었습니다. 그곳이 유일하게 예수 그리스도의 복음을 전한 곳입니다! 그것을 기억해주시기 바랍니다. 우리가 지났던 그 조그만 마을, 주민들은 어떻게 되겠습니까? 그 광활한 네이멍구 지역의 종족들은 어떻게 되겠습니까? 어지나치 삼각주에 모여 사는 그 많은 몽골인들은 어떻게 되겠습니까? 다른 신

피쉬바허의 여정을 간략하게 표시한 지도

장의 대도시들은 또 어떻게 되겠습니까? "그런즉 저희가 ……
듣지도 못한 이를 어찌 믿으리요? 전파하는 자가 없이 어찌 들
으리요?"(로마서 10:14) 이 말씀이 우리에게 찔림이 되지 않습니
까? 이 말씀이 하나님의 뜻을 구하는 청년들의 정곡을 찌르는
도전이 아니겠습니까? "그러므로 추수하는 주인에게 청하여
추수할 일꾼들을 보내어 주소서 하라"(누가복음 10:2)

디화에서 부상병 치료 사역에 참여하다

당시 디화 시 인구는 약 60,000명이었고 많은 물품은 모두 러시아에
서 수입해 왔는데 돈만 있으면 무엇이든 살 수 있었다. 그러나 도시는
포위되었고, 게다가 정부가 대량으로 지폐를 발행함으로써 지폐의 가
치가 떨어지고 물가는 치솟아 막 디화에 도착한 여섯 명의 청년 선교
사들은 적잖게 당황했다. 조지 헌터는 그들을 하미까지 데려다준 후
그 지역에서 사역한 지 23년 된 퍼시 매더(Mr. Percy C. Mather)에게

보살펴주길 부탁했다. 양식 공급이 어려울 때 퍼시 매더는 성 밖의 농촌으로 가 육류·채소·밀가루와 쌀 등을 사 오는 모험을 했고 덕분에 그들은 굶지 않아도 되었다. 이 전운이 짙게 깔린 포위된 성에 관한 짧은 기록이 있다.

"회민의 반란은 성장省長을 몰아내는 것이었으나 성장은 성 군대가 힘이 없어서 러시아군의 도움을 받고 있었다.* 이 부대는 약 2,000명이었는데, 우리 일행이 도착했을 당시, 하미가 포위된 상태에서 구해 준 사람들이다.

1933년 1월 17일, 대규모 러시아군이 성 중심에 방어 병력을 배치했고 연일 부대가 들어와 모두 2,000여 명 정도였다. 1월 29일 우리가 주일 예배를 드릴 때, 회민 반란군은 도시 전체에 경고를 한 후 본성을 공격했다. 2월 21일 화요일 아침 선교 센터에 있을 때, 사방에서 갑작스런 총성이 들렸고 회민 반란군과 리시아군 간에 격렬한 전투가 일어났다. 그들이 후퇴할 때 모든 외곽 지역은 초토화되었으며 성장은 남녀노소 모두 학살한 뒤, 아무것도 남기지 말고 약탈할 것을 명령했다.

3월 중 더 많은 러시아군이 주둔해 들어오면서 전 성의 군대가 본성에 집중되었다. 그들은 3,000필의 낙타를 끌고 왔는데, 곡물을 실어온 것이 아니라 약탈한 전리품을 실어왔다. 또한 만주에서 시베리아를 거쳐 온 한 무리의 중국 부대가 있는데, 이 수천 명의 군인들은 훈

---

* 소련 공산당 집권 후 많은 백족 러시아인이 서북지역에 유입되어 큰 세력을 형성했고 당시 성장 진수런은 그들을 이용했다.

련이 잘 되어 있어 성의 군대와 비교조차 할 수 없었다.

아마도 성장의 러시아군에 대한 대우가 소홀하여 그들을 노엽게 한 것 같았다. 거기다 회민은 성장만 넘겨준다면 러시아군과는 전쟁을 하지 않겠다고 제안했다. 그래서, 4월 12일 성내의 러시아군은 반란을 일으켜 아문을 공격하여 성장을 생포하려 했다. 그러나 성장은 틈을 타서 몸을 피하여 변경에서 러시아로 도망했다."

이러한 정변은 성 전체를 혼란에 빠뜨렸으며, 이에 따라 사상자 수도 계속 증가했다. 내전 초기에 많은 지역 유지들이 정치 · 상업 · 학문 · 종교 등 각계 인사들과 함께 적십자사를 조직하여 부상병을 구호하고 시체도 묻어주었다. 3월 19일, 한 걸음 더 나아가 자선 단체를 만들어 각종 구제 활동을 전개하고 난민을 수용하며 의료 센터를 세우는 일 등을 했다. 『민국신장사』에는 당시에 종교계 저명인사인 영국인 조지 헌터가 각종 구호와 자선 사업에 참여했다고 기록하고 있다.

적십자사가 이렇게 많은 부상병을 보내왔지만 병원에서는 단지 한 명의 중국인 마馬 의사(Dr. Ma)와 연로한 러시아 의사 두 명만이 모든 중국과 러시아의 부상병을 치료하고 있다는 사실은 누구도 예상치 못했을 것이다. 부상병들은 모든 병실을 채웠고 더러운 땅바닥에 누워 있기도 했으며 여러 날 치료를 받지 못한 사람도 있었다. 중국인 마의사는 내지 선교회의 의사 선교사 조지 콕스(Dr. George A. Cox)가 훈련한 사람이어서 선교사들에게 도움을 요청했다. 이렇게 다급한 상황을 보고 전체 선교사들은 약을 바르거나 붕대를 감아주는 등 원래 간호사가 하는 일에 투입되었다! 오토 쉐르너는 그들의 경험을 다음과 같이 기록했다.

우리는 서로 죽이는 모습을 제일 보고 싶지 않았는데 이곳에서 이런 참극이 발생할 줄 생각도 못 했다. 잠정 집계에 따르면 지금까지 이 반란으로 75,000명이 목숨을 잃었다고 한다.

사실상 6주가 넘게 우리는 모든 시간을 부상병을 구호하는 데 들이고 있다! 모두들 약간의 의료 훈련을 받았을 뿐이지만 이곳에서 우리는 이미 우리들 본국의 의사들처럼 일했고 앞으로도 계속해 나가야 한다! 이 극히 어려운 환경 가운데에서 퍼시 매더와 우리 여섯 명(조지 헌터도 포함)은 바쁘게 각종 상처를 싸매고 모든 환자를 돌보고 있다.

매일 날이 어두워질 때까지 병원을 떠날 수 없다. 집에 돌아가서도 수술했던 기구들을 소독해 말리고 옷을 끓여 붕대로 만들고 수술 가운과 수건을 씻어 말리고……

현재 우리는 120~130명의 환자를 돌보고 있지만 다른 지역에 있는 100명이 넘는 환자들은 돌봐줄 수가 없다. 우리가 조수를 훈련하려고 노력하고 있지만 어려움이 너무 많다. 왜냐하면 그들은 왜 소독하고 청결을 유지해야 하는지 이해하지 못하기 때문이다.

우리는 이렇게 힘든 사역을 속히 내려놓고 우리 자신의 언어 학습과 해야 할 일을 할 수 있게 되기를 간절히 원한다. 그러나 우리는 또한 주께서 우리의 기도-현지인에게 가까이 가 그들의 언어를 배우는 일-에 응답하셨음도 보게 된다. 이런 기도에 대한 응답이 지금 하나하나 이루어지고 있는 것이다! 병원에서 우리는 제한된 언어로 의사소통을 하면서 이 구호 사역에 참여하고 있다. 이것 또한 우리가 프롤레타리아 대중을 접촉하는 기회고 복음 전파의 큰 문이 열린 것이다.

오브리 파슨스는 특별히 그들 중 가장 연장자인 조지 헌터에 대해 이렇게 언급했다.

나는 조지 헌터가 자기를 돌보지 않고 최선을 다해 환자들을 돌보는 동시에 우리를 부단히 격려하며 위로하고 지지해 주는 모습을 존경하지 않을 수 없다. 그는 이미 연로해서, 많은 체력을 요하는 구호 사역을 그의 몸이 견뎌내지 못할까 걱정하고 있는데 다행히도 지금은 상태가 양호한 편이다.

전체 선교사들이 밤낮으로 고생하는 것을 통해 당시의 전황이 얼마나 격렬한지 상상할 수 있다. 만약 연장자나 젊은 조수들마저 이 정도로 바빴다면 피쉬바허는 얼마나 더 바빴을지 상상이 된다! 오토 쉐르너의 기록으로 간략히 한두 가지를 알 수 있다.

수술실에서 피쉬바허의 조수가 될 수 있었던 것은 정말 내게는 영광스러운 일이다. 더러운 상처를 씻어내는 일 외에 나는 손발을 절단하는 수술이나 특별한 외과 수술도 도왔다. 만약 내가 고향에만 있었다면 내가 수술실에서 그렇게 오래 머물러 있는 일은 생각도 할 수 생각도 할 수 없었을 것이다. 더욱이 수술용 칼을 들 용기도 없었을 것이다. 지난주에는 국부 마취 후 두 명의 환자 등에서 총알을 끄집어내기도 했다. 피쉬바허가 1, 2분 내 신속히 수술을 해야 할 때면 나는 에테르 마취제로 환자를 마취시키는 일을 돕는다!

이러한 기록들을 통해 우리는 에밀 피쉬바허의 일이 얼마나 많았는지를 알 수 있다. 그것은 분명히 이 대담하면서도 세심한 조수의 일보다 훨씬 더 많았을 것이다. 이처럼 열악한 시설의 병원에서 그는 고생스럽게 부상병과 환자를 돌보면서 체력의 한계를 넘겼고 급기야 스스로의 건강을 상하고 말았다. 4월 17일 그는 여동생(그녀 역시 의사였다)에게 편지를 썼는데, 의료상의 많은 일들을 기술했다(그 중 병세가 위중한 참담한 기록을 많이 묘사했다). 여기에 그 내용을 약술한다.

지금은 혼란한 전시 상태이지만 주께서는 놀랍게도 우리를 안전하게 지켜주고 계셔. 비록 총탄이 비같이 쏟아지는 상황에서도 우리는 조금도 두렵지 않아. 최근의 전투에서는 내가 대량의 총알을 기념품으로 남겼단다. 처음 병원 사역에 참여할 준비가 안 됐던 것은 언어 공부를 따라갈 수가 없어서였지만 퍼시 매더와 다른 선교사들이 현지인 마 의사를 돕는 데 동의해 줬어. 이전 성장의 요구로 나는 응급과 큰 수술을 해줄 것을 약속했어. 나의 진료를 거친 후 대부분이 칼이나 총으로 난 상처이기 때문에 퍼시 매더 등 여섯 명이 약을 바르고 상처를 싸맨단다. 그럼에도 부상병이 끊이질 않아. 난 패 쓸 만한 수술실을 사용하고 있고 오토 쉐르너가 내 조수 역할을 해. 두 명의 중국인 간호사가 있고, 어떤 때는 마 의사나 퍼시 매더가 마취 의사의 역할을 해주기도 해. 또 한 사람 천주교 신부는 의료 요원인데 30명의 환자를 돌보고 있지. 하지만 수술을 해야 할 때는 나를 찾아와.

처음 병원에 들어갔을 때 대퇴골 다섯 군데가 깨진 부상병을 본 적이 있는데, 나는 너무 두려웠어! 300여 명의 크고 작은 상처를 입은 부상병들을 상상해봐. 어떤 병사들은 여러 날 치료를 받지 못한 상태고 병원은 정말 지저분하며 냄새도 견디기 힘들었어. 3주 전 새 병원을 개원해서 내가 주관하게 되었는데, 각 선교사마다 병실을 하나씩 맡겼어. 난 너무나 바쁘고 의료기기도 없고 심지어 약도 없으니 아마도 기적 치료법을 배워야 하지 않을까!

집으로 보낸 마지막 편지

다음은 5월 6일 그가 쓴 마지막 편지다.

나는 정말 나만을 위한 개인 시간이 거의 없어 자주 펜을 들수가 없습니다. 어느 날 저녁에는 긴급한 상황이 발생했습니다. 한 백러시아 지도자와 군관 한 사람과 두 명의 사병이 나와 함께 말을 몰아 급히 가야 했는데 두툼한 외투를 깜빡 잊고 챙기지 못했습니다. 그러나 그 말은 야생마 같아서 바람같이 달렸고 온몸이 땀으로 흠뻑 젖었습니다. 돌아올 때는 계엄령 때문에 성문 밖에서 30분간을 기다렸습니다. 이곳은 낮에는 찌는 듯이 무덥고 밤에는 추워집니다. 더구나 성에 들어간 후에도 모든 검문소마다 구령을 불러야 통과가 되었기 때문에, 집에 돌아오자 감기 기운이 있는 듯했습니다. 게다가 쉴없이 바쁘고 수면도 부족했습니다. 병원 세 곳에 400여 명의 환자가 있습니다. 내가 맡고 있는 특별 병원엔 125명의 중상자가 있습니다!

　이러한 부상병 중 많은 사람은 이미 1, 2개월, 심지어 3개월 동안 씻지 못했고 그들은 상처를 지닌 채 더럽기 그지없는 침대에 누워 있지만 아무도 돌아보지 않고 그 누구에게서도 위로를 받지 못하고 있습니다! 환자들이 영양가 있는 음식을 먹을 수 없을 뿐만 아니라 더욱 심각한 것은 이 병원들 중국 직원들의 월급이 밀려 있는 터라 모든 업무가 이미 업무량을 넘어선 우리 외국인들에게 떠맡겨졌다는 것입니다.

　이 3개월은 내가 중국인의 가장 적나라한 현실을 경험한 시간입니다. 그렇지 않다면 아마 몇 년이 더 지나야 이런 기회가

장례

있을 거예요. 솔직히 말해 내가 디화 전체를 보살필 수는 없는 거죠!* 만약 "왜 당신은 또 일하려고 합니까?"라고 묻는다면 단지 이런 부상병들의 상황을 보았기 때문에 수수방관할 수 없기 때문이라고 말할 것입니다.

그는 심신이 과도하게 피곤한 상태에서 많은 부상병들과 접촉하면서 치명적인 장티푸스에 감염되었다! 그는 5월 11일 병원에서 일하다가 갑자기 가슴에 격렬한 통증을 느꼈고 심장병이라 여겨 집으로 돌아가 쉬며 치료를 받았으나 곧 고열이 났다. 상태의 호전과 악화를 반복하며 2주가 지나 좋아지려는 즈음, 5월 26일 밤 상황이 갑자기

---

* 이것은 그들이 더 많은 부상병들을 수용하기 어려울 때 입버릇처럼 하던 말이다!

나빠지더니 27일 새벽, 타인을 자신과 같이 사랑했던 에밀 피쉬바허는 조용히 세상을 떠나 그의 사모하는 하늘 집으로 돌아갔다.

『왜 허비했나?』의 선전문

　의사 피쉬바허는 1932년 2월 1일 상하이에 도착하여 같은 해 11월 9일 신장성 우루무치에 도착했고, 1933년 5월 27일 장티푸스에 감염되어 세상을 떠났다. 그는 중국에서 1년 3개월 26일을 보냈고 신장에서 6개월 18일을 일했으며, 세상을 떠날 때 30세가 채 못 되었다!

　슬픈 소식이 런던 사무소에 도착하자 큰 파장을 일으켰고, *China's Millions*의 편집장 마셜 브룸홀(Mr. Marshall Broomhall)은 연말에 그를 기념하는 전기를 출간했는데, 이 책의 제목은 『왜 허비했나?(*To What Purpose?*)』였다.

　이 전기를 읽는 독자는 떨쳐버릴 수 없는 한 가지 질문을 품게 될지도 모른다: 왜 허비했나? 왜 허비했나? 아마 오브리 파슨스가 6월 초에 보낸 보고에서 우리는 답을 찾을 수 있을 것이다. "그는 자기의 생명을 돌보지 않고 부상병들을 구하기 위해 모든 것을 드렸다. 그의 일에 대한 열심은 우리에게 큰 격려가 되었고, 성 안의 모든 사람도 그에 대해 마음 깊이 감사하고 있다. 정부의 높고 낮은 관원들은 모두 그가 뜻이 넓고 높으며 정의를 위해 목숨을 바친 사람이라고 공인했다. 정부는 그의 죽음을 기념하여 '자기를 희생하여 타인을 구한 사람'이라는 글귀를 올렸다."

4_오토 프레더릭 쉐르너

Otto Frederick Scheoerner(1906~2008)

1929년 미국 증시가 무너져 세계 경제가 큰 타격을 받았다. 그러나 중국 내지 선교회는 하나님께서 200명의 선교사를 앞으로 2년 이내에 중국에 보내주실 것을 위해 전 세계를 향해 호소했다. 1931년 말, 영국 · 유럽 각국 · 캐나다 · 미국 · 호주와 뉴질랜드 등지에서 201명의 일꾼이 중국에 도착했다!

이것은 선교 역사상 기적이라고 할 만한 일이었다. 그 당시의 선교사들은 이제는 대부분 하늘 집으로 돌아갔다. 200명 선교사 중 유일하게 남아 있는 분이 현재 99세로 미국에 살고 있는 오토 쉐르너 선교사다. (책이 쓰일 무렵에는 생존했지만 그도 2008년에 소천─역주)

성장

오토 쉐르너는 1906년 8월 20일 펜실베이니아 주 유니온타운(Union-town, Pennsylvania)에서 태어났고, 여동생 하나와 남동생 하나가 있었다. 부모님은 독일 이민자로서 1920년 펜실베이니아 주 버틀러(Butler)에서 빵집을 운영하셨다. 오토 쉐르너는 소년 시절에 세인트 마크 루터회의 소년단에 참가했고, 경건한 지도자 찰스 트라우트먼(Mr. Charles Troutman)에게 성경을 배웠으며 이를 통해 예수님을 구주로 영접하였다. 16세 때 빵집에서 아버지에게 제빵 기술을 익혔으나, 1922년 11월 아버지는 그만 자동차 사고로 돌아가셨다. 가족들은 아버지께서 남기신 빵집을 계속 운영하면서 생계를 꾸려 나갔다.

오토 쉐르너, 1931년 출발 전 모습(왼쪽)과 2003년의 모습(오른쪽)

그는 이후의 5년을 '사막에서 훈련받은 해'라고 말한다. 찰스 트라우트먼은 그의 영적인 아버지가 되어 주일 학교를 지도하는 한편, 항상 그에게 주석서와 선교사 전기를 읽게 하였다. 트라우트먼 부인은 무디 성경학교의 졸업생이었는데, 그는 그들 부부 집에서 열리는 성경 공부반에 참가하는 것을 가장 좋아했다. 그는 스커푸司可福 성경 통신 과정을 모두 마쳤고, 무디 성경학교가 개최하는 각종 수련회에 자주 참가했다. 기타 영적인 간행물을 읽고, 저명한 목사들이 주관하는 부흥회 등에 참석하면서 그의 신앙은 지속적으로 성장했다.

무디 성경학교에 들어가다

1927년 그의 동생이 어머니를 도와 가게 일을 기꺼이 맡아주었기 때문에 그는 무디 성경학교에 들어가 선교사 의료 과정(Missionary Medical Course)을 공부하면서 선교 사역을 위해 자신을 준비해 갔다. 더불어 헬라어와 음악을 공부하고 1931년 4월에 졸업하였다.

신학교에서 크게 영향을 받은 세 가지 일이 있었다.

첫째, 1929년 중국 내지 선교회가 200명 선교사가 중국에 필요하다고 호소할 때 그가 기꺼이 이 도전을 받아들인 것이다.

둘째, 『충성된 청지기(*Borden of Yale*)』를 읽고 중국 서북 지역의 회교도들에게 복음을 전하고 싶은 마음이 생긴 것이다.

셋째, 재학 중 마지막 해에 중국에 선교사로 다녀온 아이작 페이지

(Rev. Isaac Page) 선교사 부부를 만난 일이다. 매주 페이지 선교사의 집에서 기도회가 열렸고, 참가자 대다수는 이후에 중국에 선교사로 갔다. 모임 중 그는 같은 과 친구 엘리자벳 스콧(Miss Elisabeth〔Betty〕 Scott)의 소개로 케이티 도드(Miss Katie H. Dodd)를 알게 되었다. 그 녀는 1931년 그와 같은 해에 휘턴 대학을 졸업했다.

신장성 디화에서의 선교 사역

1931년 10월 1일, 오토 쉐르너는 캐나다 밴쿠버에서 배를 타고 중국으로 출발했다. 아마 그는 케이티 도드가 5일 전 배를 타고 중국에 간 줄은 알지 못했을 것이다. 10월 22일 상하이에 도착한 후, 그는 곧 안후이성安徽省의 안칭安慶 언어 학교로 가 훈련을 받고 6개월 후 1급 시험을 통과했다. 그와 다른 다섯 명의 젊은 선교사들은 함께 서북 신장의 디화迪化(지금의 우루무치烏魯木濟)에 보내졌다. 이 다섯 명은 의사인 에밀 피쉬바허(Dr. Emil Fischbacher) · 레이먼드 조이스(Mr. Raymond H. Joyce), 조지 홈스(Mr. George F. Holmes), 윌리엄 드루 (William J. Drew), 그리고 오브리 파슨스(Aubrey F. Parsons) 등이다.

타향에서 고향 사람을 만나다

디화를 향해 출발하기 전 그들은 먼저 상하이로 가 짐을 챙기고 일용
품을 보충했다. 신장성에서 개척 사역을 하고 있는 베테랑 선교사 조
지 헌터(Rev. George W. Hunter)가 그들의 인도자였다. 디화에 가려
면 일반적으로 시베리아 철도를 이용하는데, 이때는 소련이 선교사의
국경 통과를 거절하여 이용할 수 없었다. 만약 고대의 실크로드를 이
용한다면 시간이 많이 걸릴 뿐더러 전쟁을 치르는 상황이어서 적지
않은 위험을 감수해야 했다. 그리하여 조지 헌터는 에밀 피쉬바허와
조지 홈스를 데리고 먼저 베이징으로 가서 디화에 갈 수 있는 방법을
연구했다. 상하이에 남아 기다리던 오토 쉐르너는 뜻밖에도 케이티
도드를 만났고, 타향에서 고향 사람을 만난 터라 그 기쁨은 이루 말할
수 없었다. 알고 보니 그녀도 안후이성 잉상穎上에 보내져 새 사역을
시작했는데 치아 치료와 다른 일을 보기 위해 상하이로 나온 것이었
다. 이는 하나님 아버지의 특별한 계획하심이었던 것이다. 두 사람은
주 안에서 친구로서 계속 연락하기로 하고 헤어졌다.

디화를 향한 장거리 여행

조지 헌터와 에밀 피쉬바허 등은 자동차로 네이멍구를 경유하여 신장
에 들어가기로 최종 결정하여, 텐진으로 가서 1.5톤짜리 포드 화물차

장자커우에서 출발을 준비하는 여섯 동료들

두 대를 구입했다. 1932년 8월 25일 피쉬바허와 조지 홈스가 차를 몰고 베이징으로 왔고, 9월 9일에는 차를 기차에 싣고 베이징에서 장자커우張家口로 갔다. 그들은 9월 13일 보무도 당당하게 장자커우를 출발했고, 만리장성을 통과하여 지금의 네이멍구 자치구에 진입, 지금의 신장웨이우얼 자치구의 우루무치를 향했다.

조지 헌터는 70세가 다 된 스코틀랜드 사람이었는데, 신장에서 다년간 일하고 있었다. 그가 몸소 찾아와 새로운 일군들이 신장성의 개척 사역에 함께할 것을 요청했다. 새로운 선교사들 중 에밀 피쉬바허가 비교적 나이가 있는 편이었는데, 그 역시 스코틀랜드 사람이었다. 그는 내과와 외과 의사일 뿐 아니라 천부적으로 자동차도 잘 고쳤으므로 첫 번째 차량의 운전사가 되었다. 그다음 영국인 엔지니어인 조지 홈스는 싱가포르에서 거주한 적이 있었고, 아주 훌륭한 자동차 수리공이었다. 그가 두 번째 차의 운전사였다. 보조 운전사인 호주인 오브리 파슨스는 숙련된 목수였고, 자동차 기름을 관리하고 물을 보충

하며 타이어에 바람을 넣는 등 체력을 요하는 일을 전문적으로 담당하였다. 짐과 잡무를 관리하는 레이먼드 조이스는 영국에서 왔으나 중국에서 태어난 선교사 2세이며, 팀의 기자 역할을 했다. 영국 런던에서 온 윌리엄 드루는 사막에서 불을 지펴 물을 끓이는 아주 큰 일을 담당했다. 제빵사였던 오토 쉐르너는 요리 담당으로, 힘든 하루를 보내고 게 눈 감추듯 먹어대는 일곱 사람들을 보살피는 중책이었다.

여정 중 가장 힘들었던 일은 다음 세 가지였다.

첫째, 유사流沙 함정이 많아 매번 시간을 많이 들여 자동차를 빼내야 했다.

둘째, 자동차로 강을 건너는 일이었다. 다행히 이전에 유명한 스웨덴 탐험가이자 지리학자였던 스벤 헤딘(Sven A. Hedin)과 함께 탐험했던 스웨덴 과학자 호너 박사(Dr. Horner)를 만났다. 그들은 팀을 후

화물차 두 대와 선교사들

히 대접했을 뿐만 아니라 사람을 보내 도와주었고 낙타를 빌려줘서 차를 끌고 강을 건너게 해주었다.

셋째, 휘발유를 보급하는 일이었는데 가는 길에는 주유소가 없었다! 그들은 많은 휘발유를 싣고 갔지만 전체 여정을 소화하기에는 양이 충분하지 않음을 차차 알게 되었다. 다행히 바오터우包頭의 북부를 지날 때 휘발유를 조금 살 수 있었고, 호너 박사의 소개로 스벤 헤딘 탐험대가 남긴 200여 리터의 휘발유를 구입했다.

10월 17일 그들이 신장 동부의 하미哈密에 도착했을 때 각 차량에는 40여 리터의 기름이 남았을 뿐이었다. 당시 회교도의 반란이 일어나 신장성에서는 내전이 한창이었고, 정부는 모든 기름을 통제했다. 피쉬바허는 잘 교섭하여 귀한 의약품을 꼭 필요한 휘발유로 바꿨는데, 유일하게 위로가 된 것은 디화에 도착한 후 정부가 그들의 화물차를 구입해준 것이었다. 11월 9일 마침내 그들은 디화에 도착했다. 전체 여정 57일 중 자동차를 운전한 날은 22일뿐이었고, 자동차 수리와 강 건너기, 휘발유 넣기 등으로 35일을 소요한 것이었다!

디화에서 처음으로 겪은 회민의 전쟁

1933년 초, 오토 쉐르너는 처음으로 경험했던 전쟁의 위험을 다음과 같이 기록했다.

1월 첫째 주, 회민은 하미哈密에서 온 위구르인들과 연합하여 갑자기 성 남쪽의 투루판吐魯蕃에서 반란을 일으켰고 부근의 크고 작은 도시와 촌의 회민들이 호응할것을 선동했다. …… 2월 21일 새벽, 우리는 성벽 밖의 총격전에 잠을 깼다. 알고 보니 서쪽 변경에 거주하는 회민이 반군의 종용을 받아 밤에 군중을 일으켜 반란을 일으킨 것이었다. 다행히 그들은 대포가 없었다. 그렇지 않았다면 우리의 서쪽 성벽에 가까운 이 층집이 잿더미로 변했을 것이 분명했다. 현재 중국으로 통하는 모든 도로는 봉쇄되었고 우리는 간절히 기다리는 편지를 단 한 통도 받아보지 못하고 있다. 더욱 심각한 것은 서부 전선의 마나쓰瑪納斯 현이 반군의 손에 떨어진 것인데, 서쪽에 있는 소련으로 통하는 길도 2개월째 봉쇄되었다. 가장 가슴 아픈 일은 마나쓰 현 우체국에 있던, 20개의 외국에서 온 우편물 보따리가 전부 타버렸다는 것이다…….

4월 초, 반군은 정부군의 대포 하나를 탈취해서 서쪽 산꼭대기에서 발포해 왔다. 그래서 우리는 극한 불안 속에 지냈다. 다행히 며칠 후 러시아군*이 지키는 성문 쪽 대포가 정확히 여러 발을 반군을 향해 겨냥하며 반격해 왔고, 정부군은 바로 그들을 쫓아냈다…….

---

* 신장성장은 본국의 박해로 쫓겨나온 러시아군 2,000여 명을 방위하는 용병으로 받았다. 『중국회족사』, 『민국신장사』 참조.

자기를 희생하고 타인을 구하다

전쟁이 치열하여 사망자 수는 심각하게 늘어났고, 선교사들도 모두 부상병 구호 사역에 참여했다! 신학교에서 의료과를 전공한 오토 쉐르너는 자연스럽게 의사 피쉬바허의 가장 좋은 조수가 되어 그의 크고 작은 수술을 도왔으며, 부상병 구조 기록을 감동적으로 남겼다. 조지 헌터와 신장에서 다년간 함께 일했던 퍼시 매더(Mr. Percy C. Mather)는 구호 사역을 주도하던 피쉬바허와 함께 부상병의 응급 조치를 하던 중 장티푸스에 감염되어 각각 5월 24일 및 27일 세상을 떠났다. 피쉬바허가 세상을 떠날 때는 30세밖에 되지 않았다. (퍼시 매더와 의사 에밀 피쉬바허 두 사람의 전기는 이 책 제2장에 수록되어 있다.)

신장성의 회회인

새로 온 선교사들에게 이것은 매우 큰 타격이었는데 특히 오토 쉐르너는 더 큰 타격을 받았다. 디화에 도착한 이후부터 선교 센터가 비좁아 한 방을 썼고 그가 옆에서 밤낮으로 부상병 사역을 도왔던 피쉬바허가 갑작스럽게 세상을 떠난 것이다! 이때 그는 중국 내지 선교회의 동역자가 그에게 했던 말을 생각했다. "하나님은 그의 일꾼을 데려가시지만, ―허드슨 테일러를 데려가시듯―그럼에도 불구하고 그의 일은 계속된다!"

신장성 치타이에 새로운 선교 센터를 건립하다

반란이 평정된 후 오브리 파슨스는 디화에 남아 일했고 조지 홈스와 윌리엄 드루는 마나쓰馬納斯 현으로 보내졌으며 레이먼드 조이스와 오토 쉐르너는 디화에서 동쪽으로 약 250km 떨어진 쿠청古城(지금의 치타이奇台 현)으로 갔다.

조지 헌터는 이전에 여러 차례 그들을 데리고 이곳으로 와서 살펴보았지만 세를 내주는 곳이 드물었다. 결국 한족이 사는 집 2층에 있는 여러 개의 방을 세로 얻었다. 마차로 물건을 옮기는 데 9일이나 걸렸는데, 작년에 화물차로 반나절 만에 일을 다 끝냈던 것과 비교하면 천지차이였다.

1934년 4월 초, 두 사람의 생활은 안정되기 시작했다. 레이먼드 조이스는 허난성에서 출생했기에 현지의 한족과 대화가 가능했고 복음도 전할 수 있었다. 오토 쉐르너는 2급 언어 시험을 통과한 후 의료 사역을 통해 한족과 접촉하며 전도했다. 그들은 매일 아침 두 시간씩 진료했는데, 1개월 내 무려 300명의 환자가 진료를 보러 와서 그들 모두를 봐주느라 쉴 틈이 없었다. 이들의 진료가 주위에 알려져, 여름이 되었을 때에는 1,000명이 넘는 환자들이 왔고 그중 많은 수의 환자들이 재진을 위해서 다시 왔다. 그 결과 아주 빨리 그들은 그 지역의 모

현지인이 물을 긷는 모습

든 사람들과 친해질 수 있었다.

주일에 그들은 거실에서 예배를 진행했는데, 남자들과 학생들이 참여했다. 그들은 간단한 찬송을 불렀고 쉬운 메시지를 전하며 전도했다. 오토 쉐르너의 작은 풍금이 많은 부녀자들과 여학생들의 호기심을 일으켰다. 보통 한족, 동깐족(Tungans) 그리고 회회족(Turki)과 같은 많은 이웃들이 기꺼이 그들과 왕래하며 말씀을 나누었다.

쿠청古城은 고비 사막 지대에 위치하고 있어 일부 수원水源 외에는 모두가 불모지였다.

말을 몰고 남쪽으로 하룻길을 달려 톈산天山에 가야지만 오아시스가 있어 농사를 지을 수 있었다. 그곳에는 많은 사람들이 흩어져 살고 있었는데, 전혀 복음을 들어보지 못한 채 선교사가 와서 복음을 전해 주기만을 기다리고 있었다!

외부 전도

6월이 되자 그들은 말과 차를 구입하여 차를 몰거나 말을 타고 부근 농촌의 오아시스 일대에서 전도했다. 8월 중 그들은 서쪽의 큰 읍 푸런阜任(Fuyuan, 지금의 베이팅北庭)에 갔다. 그들은 사흘 동안 노방 전도를 하며 전도지를 나눠 주었다. 많은 남학생들이 관심을 보였고 심지어 그들이 거하는 곳까지 따라와 바깥뜰에서 찬양을 배우기도 했다. 그리고 이곳에서 조금 떨어진 북쪽의 한 농촌 마을(규모는 지금의 30호 정도)로 올라갔는데, 농민들은 기경하느라 바빴고 복음을 전혀 들어보지 못한 상태였다. 그래서 그들은 이틀 밤을 더 머물며 농민들에게 전도했다. 그 후 다시 서쪽의 큰 마을 싼타이三台로 갔는데, 그곳은 물이 풍부하고 주위가 녹색으로 둘러싸인 농촌이었다. 그들은 나흘 동안 전도하고 간증했으며, 많은 사람들이 병을 봐줄 것을 요청했다. 돌아오는 길에 역시 2주 동안 노방 전도를 했다.

집에 돌아와 약 1주가 지난 후 그들은 다시 전도하기 위해 동쪽으로 향했다. 그러나 떠나기 하루 전날 회회족 청년들이 약을 달라고 와서 산골에 사는 노인을 치료해줄 것을 부탁했다. 함부로 약을 쓸 수 없었으므로 청년들은 그들이 직접 산간지대로 들어가 그 노인을 치료해주기를 원했다. 그들도 산간 지대로 들어가 전도하려고 했던 터라 톈산 깊은 계곡 목초지로 들어가 목축에 종사하는 회회족, 카자흐인, 누가이(Nogai)인과 몽골인을 만났다.

첫째 날 황막한 땅을 지나 라오치타이老奇台라는 작은 마을에 도착

전도하러 밖에 나가는 오토의 차림새

마차를 타고 전도하러 가는 두 사람

했다. 이곳은 작년에 내란을 겪은 후, 곳곳이 심하게 파괴되었고 여관은 문과 창문도 없었으며 무척 더러웠다. 그나마 지붕은 받치고 있어 겨우 하룻밤을 보내고 이른 아침 길을 떠나 톈산 남쪽 산기슭에서 회회족 청년과 안내인을 만났다. 계곡으로 들어가니 풍경이 절경이라 무릉도원에 들어간 듯했고 황량한 사막과 비교하면 별세계였다. 다음 날 오후부터 산길이 험난해져 마차가 소용이 없게 되자 약상자, 책 상자, 큰 옷 등은 말에 싣고 말에 탄 채 산을 오르기 시작했다. 두 사람이 노상에서 자연 경관에 푹 빠진 사이에 어느새 큰 골짜기에 도착했는데, 산비탈에는 소와 양, 목축용 말이 가득했고 유목 민족의 천막이 곳곳에 흩어져 있었으며 멀리서 목양견의 짖는 소리도 들려왔다.

두 시간 후 노인의 집에 도착하여, 그들은 심장병과 복통을 앓고 있는 노인을 힘써 간호했다. 연달아 계속해서 다른 환자들이 왔고 대다수 병들은 오토 쉐르너의 실력으로 다룰 수 있는 것들이 아니어서 단지 그들이 할 수 있는 최선을 다할 뿐이었다. 손님 접대를 좋아하는 주인은 양 한 마리를 잡아 그들을 환영했고 그들은 아주 맛있게 먹었다. 그들은 카자흐어 전도지를 갖고 있었기 때문에 산을 내려와 돌아가는 길에 카자흐 사람들을 찾아갔다. 마침 그날이 카자흐 족장 아들의 결혼식이라 수백 명의 손님이 모여들었다. 글을 아는 사람들이 복음서를 가져갔음은 물론이고 몇 명의 병자도 치료해주었다. 비록 급하게 왔다 가지만 최소한 그 지역 사람들이 그들에게 개방적이었고 우호적이어서 언제든 다시 와서 전도할 수 있다는 것을 알게 되었다. 그러나

산에서 내려온 목자

그들의 언어를 알지 못하여 중국어로만 의사소통할 수밖에 없었기에 안타까웠다.

다음 날 무레이木壘(현재의 무레이 하싸커 자치현)에 도착했다. 이곳은 번화했고 발전하는 곳이었지만 작년 카자흐인의 반란이 있은 후 도시 전체가 폐허가 되었다. 이곳에서 상업에 종사하며 먹고 살 만했던 두 명의 산시성山西省 성도가 이번 변란을 겪으며 재산을 모두 잃었지만 다시 일어나려 애쓰고 있었다. 두 명의 선교사는 그들과 좋은 교제를 나누었다. 그들이 처한 상황에는 아무런 도움도 줄 수 없었지만, 상인들이 그 지역의 주둔군과 농민과 교역하는 것을 보고, 바닥부터 다시 시작하는 마음으로 이 두 형제가 서서히 곤경을 이기고 다시 일어나길 바랐다. 그들은 이틀을 머문 후 떠났다. 그곳은 사람은 물론 말이 먹을 풀도 구하기 힘들 정도였으니 참으로 그 고생은 말로 다 할 수 없었다. 이번 동쪽 행은 열흘 걸렸다.

복음의 씨앗을 뿌리며 전체 선교 지역을 돌아본 두 번의 외출은 그 지역의 민중에게 그들이 복음을 전하기 위해 온 것임을 알리는 계기가 되었다. 주민들은 대체로 우호적이었으나 주께 돌아오고자 하는 이는 없었다. 왜냐하면 한족이 이곳에 돈을 벌려는 목적으로 오기 때문에 그들의 생각은 물질적인 것으로 차 있었다. 사역은 전혀 열매가 없는 것처럼 보였지만, 그들은 믿음으로 계속 사역에 힘썼다.

현지의 겨울철 기온은 영하 30~40도까지 내려갔는데 다행히 러시아제 화로가 쓸 만했다. 긴긴 겨울철동안 그들은 성경을 연구하며 언어를 배우는 데 심혈을 기울였다. 그리고

카자흐여인

친구들에게 선교지에서 일어난 일들을 편지로 써서 보내기도 했다. 여러 차례 편지를 교환하면서, 오토 쉐르너는 자신이 케이티 토드를 점점 좋아하고 있음을 알게 되었다.

더욱 분발하다

1935년 그들은 성안 큰 도로변의 여러 곳을 빌려서, 주일 오후 공개적으로 모임을 시작했다. 드디어 산시성山西省에서 온 그리스도인 원溫 선생을 만났는데, 그는 이 도시에서 장사를 했다. 때마침 산시인들이 와서 서커스 공연을 하는 중이어서 원 선생과 함께 서커스 천막 옆에서 노천 전도회를 열었고, 원 선생이 간증을 하며 함께 전도를 했다. 10월 중 4, 5일은 농한기라서 성 안에서는 연극과 연예회가 열렸고,

서커스 천막 옆에서 노천 전도회를 열었다.

청년 그리스도인들이 노방 전도를 도와주었다. 그들은 복음의 내용을 그림으로 그려서 군중을 끌어들일 수 있었고, 그들을 에워싼 군중들은 집중하여 열심히 들었다.

또한, 세 명의 선교사가 본국에 들어가 선교 보고를 마치고 막 돌아왔다. 그들은 경력과 경험이 풍부하기로 유명한 여자 선교사 에반젤린 프렌치(Miss Evangeline F. French), 밀드레드 케이블(Miss A. Mildred Cable)과 프란체스카 프렌치(Miss Francesca L. French) 등이다. 그들은 디화에 도착했는데, 레이머드 조이스와 오토 쉐르너는 그들과 만나기를 원했다. 그러나 그들은 1년 6개월이 지나서야 디화에서 모두 만나 각자의 사역을 나누며 서로 격려함으로써 마음을 굳건히 하고 힘을 얻을 수 있었다.

　치타이로 돌아와 가진 성탄 모임에서 작은 교회의 10여 명의 성도들은 각자 그들을 변화시켜 새사람이 되게 하신 주님의 은혜를 간증했다. 두 선교사는 기쁘게 들으며 이 소규모 성도들에게 더욱 많은 은혜의 열매들이 맺히길 간절히 바랐다. 1936년 1월 24일 음력 설날, 집집마다 설을 보내기에 바빴고 모두가 쉬는 때였으므로 산상수훈을 주제로 신년부흥회를 열었다. 특별히 그들은 성도들이 설 명절 쉬는 기간 중에 부근 농촌으로 전도하러 가도록 격려했다.

　겨울철이 되어, 그들은 중국어 6급 언어 시험을 모두 통과했기 때문에, 효과적인 전도를 위해 다른 언어를 배울 수 있게 되었다. 비록 그들에겐 다른 문자로 기록된 전도지가 있었지만, 효과적으로 그들을 주님께 인도하기 위해서 직접 그들의 언어를 배울 필요를 절감했다.

　대지 곳곳에서 봄의 기운이 느껴졌다. 1937년 여름, 그들은 다시 산간 지역에 가서 전도할 수 있었다. 작년 여름에 한 번 가본 곳이기에 그곳 사람들과 비교적 친숙해졌고 올해 여름 다시 가는 것이니 익숙한 길이었다. 그들에게 가장 격려가 됐던 것은 많은 농민들

디화에서 카스로 마차를 타고 가는 오토

이 복음서와 전도지를 직접 보았을 뿐만 아니라 이웃들과 같이 바꿔 보기도 하고 이전의 환자들과 연락하여 하나님의 말씀을 함께 나눴다는 것이었다.

아름다운 간증

그들은 또 무레이의 두 형제가 보낸 편지를 받았는데, 1908년 조지 헌터가 그와 형 두 사람에게 세례를 베풀었고 신앙을 계속 지키고 있으며 주님을 증거하는 삶을 산다는 내용이었다. 그의 75세 된 큰 형님은 돌아가 신 지 얼마 안 됐는데 반신불수로 늘 침대에 누워 있어야 했지만 여전히 전도에 힘을 기울였다. 그는 세상을 떠나기 몇 개월 전 한 사람을 주님께 인도했다. 지난달 이 새 그리스도인이 치타이에 와서 두 선교사를 만나 분명하게 자신의 믿음을 고백했고 주님을 더욱 더 알고자 하였다. 그는 작년 10월 두 선교사와 함께 전도했던 젊은 형제와 친구가 되어 자주 교제하며 주일 예배에 참석했다. 그들은 다른 성도들도 이런 귀중한 믿음이 있었으면 하고 간절히 바랐다. 또 다른 두 명의 성도는 연말에 세례를 받을지도 몰랐지만, 진실로 주님을 영접하지 않았다면 물로 세례를 받는다는 것은 쉬운 일이 아니었다. 결국 감사하게도 그들 네 명은 함께 세례를 받았다. 부근 마을에 사는 다른 몇 명의 관심자들은 대가를 치르기 두려워서 결정을 못 하고 있으니 계속 그들을 위해 기도할 뿐이었다.

오토와 레이먼드 조이스는 함께 사역하게 되었고 그 후 서로 평생의 우정을 쌓아갔다.

카스 시내 모습

두 선교사는 몇 년 동안 수고한 결과로 한 무리의 성도들을 세웠고, 그들과 성경을 공부하며 주의 말씀을 순종하는 삶을 살도록 성도들을 격려했다. 또한 그들이 떠난 이후에도 성도들이 견고하게 서 있기를 바랐다.

중일전쟁 중 신장성에서 철수하다

1938년 봄, 그들의 행동이 중국 당국의 통제를 받기 시작해서 치타이를 출입하는 데도 경찰국의 허가증을 받아야 했다. 그들은 변방에 있었기 때문에 1년 전 7·7사변(루거우차오 사건)이 터져서 중국 전역에 항일 운동이 전개되고 있음을 몰랐다. 4월 말, 상하이 본부는 전보를 쳐서 가을 전에 반드시 해안 지역으로 철수할 것을 명령했다. 그래서 그들은 모든 것을 정리하고 성도들과 이별하면서 그들이 충성스럽게 주님을 따르도록 격려했다. 그들은 쿠청古城을 떠나 마나쓰 현에 도착하여 조지 홈스와 윌리엄 드루와 합류했다.

항전 기간 동안 통행증을 발급받기 위한 수속은 상당한 시간이 걸렸다. 그들이 막 길을 떠나려고 할 때 정국의 변화로 동쪽으로 향하는 길이 이미 모두 봉쇄되고 시베리아 철도도 막혀 오직 서쪽으로 갈 수밖에 없었다. 6월 18일, 오토 쉐르너, 레이먼드 조이스, 윌리엄 드루 세 사람은 디화에서 출발하여 톈산의 옛길을 따라 서쪽을 향해 40일을 갔다. 낮에는 너무 더워 대부분 밤에 걸었고 약 1,600km 길을 걸어 카스喀什+에 도착했다.

일생 동안 잊을 수 없는 여행

카스에서 또 20일을 기다리던 동안, 세 명의 스웨덴 선교사와 합류했다. 오토 쉐르너는 그들이 40년 전에 난장(남쪽 신장)에 스웨덴 선교회(Swedish Mission)를 설립하여 회족인과 회교도에게 전문적으로 복음을 전했음을 알게 되었다. 그들은 네 곳에 선교 기지, 병원 한두

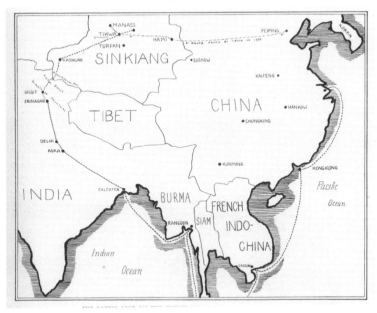

쿠청을 출발하여 상하이로 가기까지의 노선도

인도로 진입할 때 묵었던 야영지

대상 여행

곳, 인쇄소 한 곳, 여러 고아원과 학교를 세웠고, 30명의 선교사가 함께 일하고 있었다. 러시아 혁명 이후처럼 신장성 정부는 압제를 행하여 그들 모두 철수하도록 강요했고, 최종적으로 남은 세 명은 오토 쉐르너 등과 동반자가 되었다. 이 여섯 명은 8월 중순 30여 필의 대상隊商(caravan)을 따라 세 관군의 호송을 받으며 남쪽으로 이동하여 인도로 들어갔다.

이번 여정은 그의 일생 중 가장 잊을 수 없는 것이었다. 그들은 유명한 '세계의 지붕(Roof of the world)', 즉 중국, 러시아, 아프가니스탄과 인도 4개국의 경계를 통과한 것이었다. 그들은 히말라야 산맥의 고산준령을 한 고개 한 고개씩 지나 9월이 지나고 나서야 인도의 카라喀喇구역(Hunza)으로 들어갔다. 아직 얼음과 눈으로 덮인 산에서 여섯 명은 함께 「거룩 거룩 거룩」을 찬양하며 자유 구역에 도착했음을 감사했다. 그들은 다시 남부 인도의 항구 캘커타(Calcutta)로 내려가 배로 말레이시아와 싱가포르를 거쳐 홍콩에 도착하여 다시 배를 바꿔 상하이에 11월 20일에 도착했으니, 6일 모자라는 6개월의 여정이었다.

드디어 가정을 이루다

다음 날 아침 상하이 영자 신문의 1면에는 이런 기사가 실렸다. '6개월을 걸어와 신부를 얻은 청년.' 6년간 연애 편지를 주고받았던 오토

케이티 도드,
1931년 출발 당시

쉐르너의 애인 케이티 도드는 이미 상하이에 도착하여 그를 애타게 기다리고 있었다. 그들은 11월 25일 결혼했는데, 장인 앨버트 도드 박사(Dr. Albert B. Dodd)가 주례를 보았다. 결혼식 후 그들은 산둥성山東省 칭다오青島로 신혼여행을 떠났다. 그곳은 기념적 의미가 있었다. 케이티 도드가 1908년 이곳에서 출생했고, 케이티의 부모님은 모두 장로회의 선교사로서 1903년 산둥성 지난濟南에서 사역했던 것이다. 1927년의 선교사 명부에 그들은 여전히 산둥 텅 현滕县의 선교사로 기록되어 있다.

1939년 1월 27일, 그들은 미국으로 돌아가 사역 보고를 하는 한편, 가족과 친구들도 만났다. 연말에 중국으로 돌아갈 준비를 하고 있을 때, 제2차 세계대전이 유럽에서 발발하여 태평양 항로에 영향을 주어, 그들은 1940년 3월 23일이 되어서야 캐나다 밴쿠버에서 출발할 수 있었다.

다시 절감한 중국 교통의 어려움

4월 8일 상하이로 돌아간 후에도 중일전쟁이 한창이었고 본부도 선교사들을 위험 지역에서 내륙의 안전 지역으로 옮길 수 있도록 최선을 다하고 있었다. 그들은 본래 허난성河南省 남부의 황촨潢川으로 파

그들이 탔던 배는 이보다 더 작았다.

송될 계획이었지만 임시로 허난성 구이더貴德(지금의 상추商邱 시)의 미국 남침례교의 기지로 보내져 80명~90명의 선교사가 내륙의 안전 지역으로 옮길 수 있도록 도왔다.

1941년 1월 21일, 그들은 구이더貴德에서 출발하여 허난성 동부를 따라 남하했고 먼저 새로 온 멜빈 수티 부부(Mr. & Mrs. Melvin Suttie) 를 선추沈邱 선교 센터로 보낸 뒤에 다시 황촨潢川으로 갔다. 그들 네 명은 자전거 세 대를 몰고 인력거 13대에 짐을 가득 실었다. 그중 28 개의 짐은 여정 중 각 곳에 거주하는 선교사들에게 전해줄 것들이었 다. 그들은 허난의 하천河川을 두루 다니면서 육로보다 수로를 더 많 이 다녔다. 게다가 겨울철이라 강물이 얼 때도 있었으며 심지어 배가

육로보다 수로를 더 많이 다녔다.

새는 바람에 짐이 젖을 때도 있었다. 폭파된 다리를 만날 때도 있었고 물이 너무 얕아 사람이 배를 끌어야 할 때도 있었다. 어떤 곳은 다리가 약간 낮아 배가 다리 밑을 지날 수 없어서 중량을 더해 배가 조금 가라 앉도록 주위 사람들로 배를 가득 채워 겨우 통과하기도 했다.

　게다가 일본 비행기가 항시 머리 위로 지나다녔고 멀리서 대포 소리도 들려왔다. 심지어는 군인이 그들의 배를 징발하려고도 했는데 이러한 어려움을 뚫고 그들은 드디어 정양관正陽關(지금의 정양正楊 현)에 도착하여 후베이성湖北省 과 허난성 지역 루터교의 빈센트 크로셋 부부(Mr. & Mrs. Vincent Crossett)를 만났다. 그들의 극진한 대접을 받고 눈보라를 피할 수 있었지만 갑자기 배 주인이 목적지까지 계속 항해하기를 거부했다. 멜빈 수티 부부는 동북쪽의 선추沈邱에 가야 했고 그들은 동남쪽으로 향하여 황촨潢川으로 가야 했으므로 서로 의논한 후 각자의 길로 향했다.

　3월 초 정양관正陽關을 떠나 수로를 이용해서 약 2주 후 황촨潢川에 도착하리라고 예상했지만, 30km를 남겨 두고 배 주인은 그들이 육로로 가기를 원했다. 결국 하루 온종일 고생했는데 길이 평평하지 않고 기복이 심해 아예 자전거를 탈 수도 없었고 오히려 짐만 되었다. 드디어 황찬에 도착하여 그레이스 데이비(Miss Grace C. Davey)의 풍성한 저녁 식사 대접을 받고 집에서 보내온 약 2개월 동안 쌓인 편지를 보며 비로소 여정의 피곤을 조금 풀 수 있었다.

허난성 황찬 선교 센터

당시 황찬 선교 센터는 그레이스 데이비가 대표를 맡고 E. 런디(Miss E. J. M. Lundie)와 마리온 파월(Miss E. Marion G. Powell) 두 사람이 협력하고 있었다. 오토 쉐르너 부부가 온 후 현지 교회의 장로를 도와 목회를 했고 부근 각 촌으로 들어가 전도했다. 케이티는 이전에 미국에서 난산을 한 적이 있었다. 그래서 1941년 9월 18일 큰아들 제임스 앨버트(James Albert)가 태어날 때는 미국-스웨덴 루터교 선교회(American Scandinavian Lutheran Mission)에 예속된 현지 기독교 병원에서 출산을 했다. 다행히 모자 모두 안전했고 병원은 최선을 다해서 그들을 도와주었다. 이어서 12월 8일 진주만 공격이 발발했을 때 그들은 자유 구역 내에 있었지만 해안으로 가는 길은 이미 봉쇄되었다. 그러나 선견지명이 있었던 중국 내지 선교회 본부는 항전이 시작된 후에 정부를 따라 충칭重慶으로 후퇴했다.

1942년 8월 하순, 케이티의 성경 공부반의 한 자매가 자기 아들의 결혼식에 참석해주기를 요청했다. 그 자매는 수많은 불신 가족과 친구들을 초대해 그녀의 집에서 기독교식의 결혼식을 거행했다. 그는 원래 그다지 열심 있는 성도가 아니었는데 약 2년 전 일본 비행기가 폭격을 가할 당시 거의 죽을 뻔하고 나서야 깨닫고 주님을 뜨겁게 사랑하게 되었다. 아들은 최근에 믿었고 며느리는 여러 해 구도자로 있던 중 부모님의 반대로 세례를 받지 못하다가 결혼 후 자연스럽게 세례를 받을 수 있게 되었다. 결혼식 잔치에 술·담배가 없는 관계로 손님들은 주인이 너무 인색하다고 비웃었지만 믿음이 돈독한 여주인은 사람들의 비난을 두려워하지 않고 태도를 바꾸지 않았다. 그들의 결혼식은 장로가 결혼 증명을 맡았고 신랑 신부의 복식도 화려하지 않았으며 전통 습속의 겉치레를 따르지 않았다. 쉐르너 부부는 제임스를 데리고 참석했는데, 11개월 된 이 아이의 작은 손이 신부의 면사포를 잡아채 모두가 한바탕 웃어댔다.

허난 성경학교

1943년 초 일본군이 급습해 황촨潢川을 점거했다. 케이티는 어린 아들을 안고 손으로 미는 외발차를 탔고 오토 쉐르너는 그의 유일한 자전거를 밀며 급히 북쪽으로 피난을 했다. 도중에 루터회의 선교 센터에서 쉬기도 하며 최종적으로 허난성 북부의 내지 선교회에 도착했다. 때마침 허난 성경학원(Henan Bible Institute)의 원장 자리가 비어 있던 차에 그에게 부족한 부분을 메꿔주기를 요청했다. 그리하여 가족 모두 저우자커우周家口(지금의 저우커우周口 시)로 옮기고 성경학원 원장으로 취임했다. 피난 중인 5월 9일 차녀 안나(Anna Marjorie)가 태어날 때는 오토 쉐르너가 직접 아이를 받았다.

1943년 9월 16일, 그는 허난 성경학원에서 편지를 보내왔다.

> 허난 성경학원은 막 발걸음을 내디딘 관계로 제1회 졸업생이 배출됐을 뿐입니다. 전임 원장이 본 성 내지 선교회의 대리 감독이 되어 그리로 옮겨 가고 내가 가을 학기를 시작하게 되었습니다. 작년 겨울, 올봄의 기근과 올여름의 메뚜기 피해 그리고 그 뒤의 수재로 인해 경제는 아주 침체되었고, 학생 수도 감소했습니다. 우리는 청년들에게 성경을 가르칠 것이고, 그들을 훈련하여 설교할 수 있도록 하며, 교회에서 성도들을 가르치게 하고, 아직 예수 그리스도를 알지 못하는 사람들에게 복음을 전하도록 할 것입니다. 우리를 위해 간절히 기도해주십시오!

일본군이 진군해 들어와 중부의 허난성을 지나는 간선 철도를 점령했기 때문에 총회는 그를 간쑤성甘肅省 란저우蘭州의 내지 선교회의 재정을 담당하도록 했다.

쉐르너가족

간쑤성 란저우 선교 센터

전시의 어렵고 기나긴 여정을 거쳐 그들 네 가족은 드디어 란저우에 도착했다. 그들은 선교사 숙소를 맡아 오가는 선교사들을 대접했는데 어떤 때는 미국 영사와 같은 큰 손님도 있었다. 오토 쉐르너는 재정 업무를 맡아서 간쑤성 선교사들의 통장을 대신 관리했고 모든 필요한 화폐를 환전해주었다. 매번 선교사들의 필요가 있을 때 그들은 팀 정신으로 서로 보살폈으며, 특히 선교사들이 병에 걸렸을 때는 보든 병원(Borden Memorial Hospital)으로 다녔다. 병원의 의료상·업무상의 일에 그는 점점 더 많이 관여하게 됐고 그 결과 업무 관리인의 겸직을 요청받아 병원의 수입 지출과 각종 의약품의 구입을 책임 맡게 되었다. 우리가 짐작할 수 있듯이 항전 시기라서 통화가 팽창하여 화폐 가치가 떨어졌고, 수입 지출 금액은 항상 단위가 높았는데 지금처럼 계산기도 없고 컴퓨터는 더더욱 생각할 수 없어 그가 재정을 처리하는 것은 결코 간단한 일이 아니었다.

케이티도 나병 환자 병원의 교육 사역을 겸했으며, 의약과 교육을 동시에 담당하여 많은 한족, 회교도와 장족藏人 사람들이 혜택을 입었고 주께 돌아오는 사람도 계속 증가했다. 항전 시기 의약품 공급이 어려웠지만 윈난성과 미얀마의 도로가 다시 열린 이후 새로 나온 설파제(sulfa drugs)와 나병 치료약이 운송되어 큰 도움이 되었다. 1945년 8월 15일은 기쁜 일이 겹친 날이었다.

그날 연합군은 일본의 무조건적 투항을 받아들였고, 제2차 세계 대전은 끝났다. 동시에 그의 셋째 자녀 스티븐 윌리엄(Stephen William)이 병원에서 태어났다. 1947년 6월 16일, 그들 다섯 식구는 미국으로 돌아가 본국 사역을 가졌으며, 두 큰 아이는 유치원에 들어갔고 오토는 휘턴 대학에서 공부했다.

란저우 보든 병원 원장

1948년 9월 21일, 그들 가족은 모두 상하이로 돌아왔다. 큰아들 제임스는 장시성江西省 구링牯嶺 내지 선교회의 선교사 자녀 학교에 입학했다. 케이티는 안나와 윌리엄을 데리고 비행기를 타고 란저우로 갔다. 그도 대량의 물자를 창장長江(양쯔 강)의 수로를 통해 충칭重慶으로 운송하고 그다음에는 트럭으로 옮기며 쓰촨성四川省 청두成都를 지나 란저우로 향했는데 여정 중 창장 강 싼샤三峽와 쓰촨성의 명승지를 감상할 수도 있었다. 그리고 다시는 낙후된 교통수단을 이용하지 않아도 되었다.

그는 다시 돌아와 동역자들과 함께 병원 업무를 위해 힘쓰고 병자와 그들의 가족들에게 복음을 전하게 되어 참으로 기뻐했다. 그러나 중국 내전이 거의 끝나갈 무렵 병원에서 다년간 함께 일한 적지 않은 동역자들이 '이런저런 이유'로 하나둘 사직하고 떠나버렸다. 그는 이 일로 적잖게 낙담했지만 오직 그들을 위해 기도하는 것 외에는 별 도리가 없었다. 1949년 8월 26일, 펑더화이彭德懷는 해방군을 이끌고 란저우에 주둔했다. 같은 해 10월 20일, 넷째 자녀 찰스 벤저민(Charles Benjamin)이 병원에서 태어났고 ,안나도 구링牯嶺으로 보내져 초등학교 1학년에 입학했다.

란저우는 이전에는 군인 관할지였는데 성 정부 성립 후 모든 민정이 점점 바뀌었다. 정부는 모든 학교를 관리하기 시작했고 동시에 병원에서 일하는 직원들도 회의 참석이나 마르크스 – 레닌주의 학습 등과 같은 사회 활동에 참여하도록 지시하여 의료 요원들이 의료 업무와 병원 업무를 겸할 수 없게 했다. 그리하여 오토 쉐르너는 병원 원장 직(Superintendent of the Hospital)을 받아들여 전적인 책임하에 모든 병원 업무를 감독하게 되었다. 간호사 학교에서도 마르크스, 레닌과 스탈린의 두꺼운 책을 더 들여놓고 정치 수업을 듣게 했다. 그리고 공산당의 불만을 야기시킨 간호사 학생 사건이 일어났다. 사건의 전말은 이렇다. 한 남학생이 밤에 기숙사를 몰래 빠져나가 여학생과 데이트를 했다가 중국 간호사와 외국 간호사에게 발견되어 학교 규칙에 따라 정학 처리되었다. 다음 날 인민 법관이 두 증인과 오토 쉐르너를 법정으로 불렀고, 법칙을 위반한 '증거'가 없다면 병원에서 학생을 데려가도 좋다고 하였다. 중국 간호사는 목격한 것을 증거로 냈지만 오히려 판사에게 크게 욕을 먹었다. 이 일에 관계된 학생은 학교에 하루, 이틀 머물다가 체면을 생각해 자퇴를 결정하고 집으로 돌아갔다. 판사는 그 후 병원 측이 잘못한 것이 없음을 알았으면서도 병원이 그들을 처벌하지 않은 것에 불만을 품었고, 병원은 판사의 불만에 대해 속수무책일 뿐이었다.

또한 병원 직원 중에도 병원 측이 승진과 일의 분배 등에 있어서 간 쑤성 직원을 두둔하고 다른 성 직원들에게는 불공정하다는 원망의 소리들이 일었다. 일이 커지자 정부가 병원을 접수하려는 분위기가 짙어졌는데, 다행히 교회 내 덕성과 명망이 높은 연장자가 적극적으로 문제를 해결했다. 이 외에 약품을 구매하는 데도 문제가 생겼다. 이전에는 국제통일구제회, 적십자사 등의 기구들이 제일 좋은 최신의 약품과 의료기기를 병원에 판매했다. 그러나 이제는 이런 기구들이 존재하지 않아 오직 개인 약방에서 구매할 수밖에 없었는데, 그 가격이 무척 비쌌고 품질에도 문제가 있었다. 또한 정부도 그들이 하는 많은 일들이 자선 사업인 것을 인정하지 않고 영리 목적의 병원과 같이 다루어 많은 세금을 매겼고 복음 전도를 통제하기도 해서 사역도 점점 어려워졌다. 이외에도 점점 더 많은 서류를 작성하여 정부의 수많은 질문에 답해야 했다. 불만을 품은 많은 환자들은 이 기회를 이용해 일을 만들기도 하고 옛일을 다시 들먹여 병원을 통해 이익을 얻고자 했다. 이렇듯 많은 문제들로 부부는 늘 두통을 느꼈다. 그러나 기쁜 일도 있었는데, 회교도 환자들이 점점 많아졌고 병원 교회의 주일 학교 사역이 크게 부흥한 것이다. 이는 많은 주일 학교 교재를 계속 사용할 수 있었기 때문이었다.

병원은 1918년 정식 설립된 이후, 명성이 높아져 란저우의 유명한 병원이 되었고, 복음을 널리 전하는 선교 기지가 되었다. 현지에는 5, 6개의 병원이 있었는데 오직 보든 병원에만 매일 150명의 진료 환자가 있었다. 그러나 시간이 지남에 따라 상황은 달라져 케이티는 이러한 기록을 남겼다.

가장 실망스러운 일은 병원이 병을 치료하는 일만 할 수 있고 환자에게 복음을 전할 수 없게 되거나 병원 전체 직원들이 그리스도인의 고상한 성품과 언행을 유지할 수 없게 된 것이다.

중국이여 안녕 – 조용히 란저우를 떠나다

이어 한국전쟁이 발발하여 반미 시위가 사방에서 일어났다. 쉐르너 부부는 교회에서 모임을 가졌는데, 교회의 목사와 장로, 집사들마저 교회 책임자가 미국의 간첩 혐의를 받지 않도록 교회에 오지 말라고 쉐르너 부부에게 요청했다. 병원 일은 많아져 일손이 부족한 반면, 여전히 회의와 각종 활동에 참여해야 했다. 다른 선교사들은 연이어 떠났고, 다른 선교회도 이미 사역을 멈춘 상황이었다. 그리하여 오토 쉐르너는 병원과 병원 업무를 믿을 만한 성도 지도자와 의사들에게 맡기고 다년간 사역한 이 지역을 떠날 준비를 했다.

그러나 신정권 아래 떠나는 일 또한 쉬운 일이 아니었다. 그들은 수개월의 시간을 들여 출국증을 신청했는데, 이는 당국이 그들에게 모든 '빚'을 갚으라고 요구했고, 이를 위해 목사가 직접 보증을 서야 했기 때문이었다. 또한 비행기로는 시안西安에 갈 수 없게 했는데, 이는 소련이 관리하고 있었기 때문이었다. 결국 트럭을 탈 수밖에 없었는데, 다행히 케이티는 찰스를 안고 기사 옆자리에 앉을 수 있었지만 다른 사람들은 짐짝처럼 차 뒤편에 끼어 앉아야 했다. 시안에 도착한 후기차를 탔을 때는 역마다 기차를 바꿔 타고 경찰국에 보고해야 했다. 이렇게 사흘이 걸려 여섯 명의 가족은 드디어 1951년 6월 20일 새벽, 홍콩에 들어갔고 6월 28일 유럽을 돌아서 7월 7일 뉴욕에 도착했다.*

---

* 『내지회 출중국사』 동연운 저, 장매산 역, 해외기독사단, 2003년을 참조하면 선교사가 중국에서 겪었던 곤경을 더 자세히 알 수 있다.

오토 쉐르너는 미국으로 돌아간 후 모교인 무디 성경학교로 돌아가 31년간 사역하고 1990년 3월 은퇴했다. 1993년 말, 쉐르너 부부는 시카고 부근 캐롤 스트림(Carol Stream)의 윈저 파크 매너 은퇴 센터(Windsor Park Manor Retirement Center)로 옮겨 갔다. 1996년 8월 20일 그의 90세 생일을 축하할 때, 친구들은 그가 자서전을 쓰도록 권했고 1997년 『그리스도를 섬기며服事基督(Serving Christ)』라는 책을 완성했다. 아들 윌리엄이 책을 인터넷에 올렸으니 독자들 중 관심이 있다면 인터넷 사이트 http://members.aol.com/fpimages/ofs.html에 들어가 영어 원고를 읽을 수 있다. (작자는 이 책에서 일부분을 번역하고 『China's Millions』의 기록과 사진을 더하여 이 짧은 전기를 썼다. 꽤 많은 귀중한 사진은 윌리엄이 작자에게 보내준 것이다. 이에 감사의 말을 전한다.)

열전의 유래

경고의 빨간 불, 심장병

1994년 성탄절 전날 저녁, 아들 하오皓(Caleb)와 며느리 메리(Mary, 관위칭關玉靑), 딸 치恬(Hannah)와 사위 뤄차이화羅才華(Trevor Rogers), 손자 리자力加(Nicholas), 아내 옌위잉嚴玉英의 두 여동생과 우리 부부가 함께 모여 주의 은혜에 감사하며, 풍성한 애찬을 나눴다.

　다음 날은 마침 성탄절 아침 주일이었다. 그런데 주일 예배에 가기 전, 갑자기 가슴에 짓눌림과 칼로 찌른 것 같은 통증이 있더니, 머리가 어지럽고 눈도 뜰 수가 없었으며, 심지어 숨이 차서 앉지도 눕지도 못했다. 아내가 이 상태를 보고, 곧 병원 응급실로 나를 데리고 갔는데, 치명적인 심장병이라고 했다! 이런 위급한 병은 구급차를 불러야 하고 조금이라도 지체해서는 안 되는 것이었음을 생각할 때 참으로 하나님의 긍휼히 여기심이라 말할 수밖에 없다. 다행히 성탄절 아침이라 길에는 차가 적었고, 바로 와서 응급 치료를 받을 수 있었던 것이다.

3일 후 퇴원했고, 의사는 응급 치료 중 왼쪽의 막힌 심혈관(Angio-plasty)을 통하게 했지만 오른쪽의 일부 혈관도 막혀 있으니 바로 처리해야 한다고 말했다. 그래서 1995년 초, 재입원하여 수술을 받고, 막힌 오른쪽 심혈관을 뚫었다.

뿌리 찾기: 중국 교회 역사

두 번 입원하고 집에 돌아와 생각해보니 주의 은혜가 너무나 크다는 것을 깨달았다. 한 해 전 추수 감사절 기간 동안, 혼자 근동으로 갔다가 마침 12월 초에 집으로 돌아온 후 성탄절에 심장병이 발발한 것이었다. 만약 몇 주 전, 여행 중 이 일이 발생했다면, 그 결과가 어땠을지 상상조차 할 수 없다.

요양 기간 동안 마음을 안정시키고, 주의 인도하심을 확신하며, 사역의 방식을 '동'에서 '정'으로 옮기기로 했다. 스스로 건강하다고 여기고 마음대로 늘 여기저기 다닐 수는 없었다. 그리하여, 교회 역사책을 하나 들고 읽으면서 교회 역사를 연구하며 뿌리를 찾기 시작하였다. 내가 본 책들은 영어책이거나 영어를 중국어로 번역한 책이었기 때문에 초기부터 근대까지의 교회 역사였고 이 근대 역사는 서방 교회에서 정지했다. 그렇다면 중국 교회사는 어디 있는가?

워싱턴 DC 미국 국회도서관(Library of Congress Washington, DC)

미국 국회도서관에 중국어 책이 많다는 소리를 듣고, 1996년 4월, 1주일 동안 워싱턴 DC로 갔다.

그곳에는 분명히 많은 중국 서적과 잡지가 있었을 뿐만 아니라 도서관 내에 중국 관리인이 있어 대화도 나눌 수 있어서 아주 편리했다. 『중서교회보』, 『중화기독교회총회공보』, 『성경보』, 『화북공리회월간』, 『전가반월보』, 『천풍』, 『금릉신학잡지』, 『전도잡지』, 『진리와 생명』 등과 같은 많은 옛날 교회 잡지들을 보았는데, 모두 전쟁 전 또는 전시의 잡지들이었다. 그중 내가 제일 흥미를 느꼈던 것은 후난성湖南省 창사長沙의 후난 성경학교에서 발행한 『전도잡지』였다. 그 안에 초기 교회의 많은 유명 목사님들의 글이 실려 있었다. 특히 송상지에宋尙節 박사의 부흥회 설교 기록은 글자와 행간에 소리의 고저, 휴지休止, 곡절 등의 운율이 조화롭고 리듬이 있어서 아주 생동적이었다. 이는 기억에 남을 만한 1주일이었고, 중국 교회 역사의 제1과를 마친 것이라 할 수 있었다!

시카고 무디 성경학교

1996년 6월 초, 손자 진리進理(Jonathan)가 태어났다. 며느리의 부모님이 먼저 가서 3주간 며느리를 보살피고 난 후, 아내와 내가 가서 아들 가정이 이사하는 것을 도와주었다. 아들이 막 공부를 마쳤기 때문에 손자가 1개월이 된 후, 아들 부부는 뉴저지 주로 옮겨 가 뉴욕에서 일했다. 시어머니와 며느리 두 사람이 어린아이를 충분히 돌볼 수 있었으므로, 약 2주간 나는 자유롭게 가고 싶은 곳을 가볼 수 있었다.

7월 1일에 시카고의 무디 성경학교(Moody Bible Institute) 도서관에 갔다. 이곳은 내가 무척이나 가고 싶어 한 장소 중 한 곳이었다. 마침 여름 방학이어서 관내에는 한두 사람밖에 없어 아주 한산했으며, 관리원은 중국 교회 역사에 관한 책을 찾아 주었는데, 그는 참고서적 가운데 중국 내지 선교회(China Inland Mission)가 매년 한 권으로 만들어 출판한 월간 *China's Millions*의 합본 여러 권을 찾아냈다. 이는 내가 처음으로 본 내지 선교회 선교사의 역사 기록이었으며, 나는 볼수록 흥미를 느꼈다. 이것이 중국 교회의 역사가 아니고 무엇이란 말인가! 나는 시간 가는 줄 모르고 내용에 푹 빠져서 도서관 문을 닫을 때까지 하루 종일 읽었다. 그 후에도 계속 여러 날 가서 읽기도 하고, 복사도 했다. 또 어디에 이런 잡지가 있는지 묻자 사서는 휘턴 대학(Wheaton College)의 빌리 그레이엄 도서관(Billy Graham Library)을 소개해주었다. 그래서 여러 날 거기에 머물며, 마음껏 *China's Millions*를 보았고, 1,000여 페이지를 복사했다. 이는 두 번째의 풍성한 수확이었다!

집에 돌아와 자세히 읽어보니, 선교사의 중국에서의 사역을 이해할 수 있을 뿐만 아니라 당시 중국 교회와 관련된 사람, 사건, 물건 등 모든 것을 볼 수 있었다. 이는 중국 교회 역사일 뿐만 아니라, 동시에 현지에서 기록한 중국 근대사였다! 특별히 군벌 내전, 국공 대립, 중일 8년 항전 등에 관해 많은 선교사들의 기록이 남아 있었고, 당시 현지의 실제 상황도 포함되어 있었다. 나 자신이 1930년대에 출생하여 전쟁을 겪으며 피난 다녔던 고생을 했다. 1900~1950년의 모든 *China's Millions*를 수집하면, 전후 20여 년의 내지 선교회 선교사들이 중국에서 전도한 상황과 중국 각지의 교회들이 어떻게 일어나게 되었는지, 내전이 각지의 교회를 어떻게 파괴했는지를 알 수 있겠다는 생각을 하게 되었다. 이것이야말로 따끈따끈한 중국 교회 역사일 것이었다!

덴버 OMF 미국 본부 도서관(OMF USA Library, Denver, Colorado)

나는 시애틀에서, 오엠에프(OMF)의 딕 앤드루(Mr. Dick Andrews)를 오래전부터 알고 지냈는데, 그가 로스앤젤레스로 옮긴 후에도 자주 연락하고 지냈다. OMF의 전신이 중국 내지 선교회인 것을 알기 때문에, OMF 미국 본부에 이 오랜 기간 동안의 *China's Millions*가 온전하게 보관되어 있는지 찾아볼 생각이 났다. 딕 앤드루의 소개로 본부 도서관에 가서 참관할 수 있었고 본부의 마이크 가이(Mr. Mike Guy)의 허락을 얻어 1주 동안의 휴가를 내서 다시 기회를 만들었다.

1998년 10월 초, 본부 도서관에 가니 말로 표현할 수 없을 정도로 경이롭게도, 모든 *China's Millions*가 눈앞에 펼쳐졌다! 하지만 외부 대출은 되지 않았기에 한 주 내내 바쁘게 복사했다. 얻은 것은 많았지만 목표에 이르려면 아직도 멀어 실망스럽기 그지없었다. 떠나올 때 도서관 옆의 작은 저장실 서고에 책이 쌓여 있는 것을 언뜻 보았다. 가까이 가보니, 낡고 오래된 *China's Millions*가 방치되어 있었다. 나는 실례인 줄 알면서도 이 오래된 잡지를 빌려줄 수 있는지 물어보았다. 허락을 받고는 잡지들을 큰 종이 상자 두 개에 담았는데, 모두 58

권이었다. 그것은 가장 큰 수확이었다!

OMF 본부 동역자들의 도움: 꿈이 이루어지다

집에 돌아와, *China's Millions*를 한 권 한 권 복사했다. 일부분은 영국에서 출판한 것이고, 일부분은 미국에서 출판한 것이었으며 모두 100권쯤 되었다. 그러나 여러 해 전 수집한 것을 더해도 3분의 1이 부족했다. OMF의 본부 직원에게 쉬는 시간을 이용하여 나머지 *China's Millions*를 복사해달라고 할 수 있는지 딕 앤드루와 상의해보는 수밖에 없었다. 나는 스스로 수고비와 종이 대금, 우편료 등의 모든 비용을 부담하기 원했으며, 목적만 생각하고 원가는 따지지 않았다. OMF 직원의 협조에 깊이 감사 드린다. 2001년 7월 말에서 2003년 6월까지, 나머지 *China's Millions*를 수집할 수 있었다. 1900년부터 1952년까지, 모두 53년, 106권을 8년을 들여 수집하기에 이르렀다.

또 OMF의 마이크 가이의 관용에 깊이 감사 드린다. 내게 빌려준 낡은 *China's Millions*의 반납일을 그가 여러 번 연기해주었기 때문이다. "유비가 형주를 빌려 가더니 돌아오지 않네!"라는 옛말처럼 될 줄은 몰랐다. 2002년, OMF는 서북 지역 사무실(OMF NW Office)을 시애틀로 옮겨와 오랜 친구 딕 앤드루 부부가 맡게 되었다. 그리하여 좋은 생각이 떠올랐는데, 그에게 본부로 부탁하여 오래된 *China's Millions*를 서북 지역 사무실에 남겨달라고 말했고, 원래 사무실에 있던 것들까지 하여 1894년 시작한 북미판 *China's Millions*(3년의 분량이 부족하다)를 한 질로 만들어 시애틀의 OMF 서북지역 사무실에 두었다. 독자들이 빌려 보는 것을 OMF가 환영하리라고 나는 확신한다.

경고, 세 번째 혈관 색전증

1998년 12월 24일, 성탄절 전날 밤을 병원에서 보냈다. 이는 세 번째 심혈관을 뚫는 색전 수술을 해야 했기 때문이었다. 4년 동안 아무 일 없어 다 치료된 줄 알았는데, 사실은 그렇지 않았고, 이게 세 번째 경고였다!

아마도 최후의 경고일 게다! 병이 난 후 여러 해 동안 *China's Millions*를 읽으며, 많은 선교사들의 행적을 보고 깊이 감동을 받았다. 이를 번역하고, 날짜를 연관성 있게 맞추어 온전한 전기를 만들어볼 생각이 났다. 그리하여 중국 교회에 선진들이 남긴 아름다운 발자취를 알리는 것도 의미 있는 일이라는 생각이 들었다.

페털루마(Petaluma, California): 중국성도 전도회 본부

이런 구상이 있은 후, 페털루마에 있는 중신中信의 월간지 『찬傳』의 편집장 평원장馮文莊 자매를 만났는데 그녀는 나를 격려하여 문서사역의 신참인 나를 그 대열에 끼워주며 글쓰기를 배우게 해주었다. 아직도 기억이 생생한데, 첫 번째 글은 불합격일 뿐만 아니라, 편집부 동역자들이 다시 써야 했기에 몸 둘 바를 몰랐다. 처음부터 배우는 수밖에 없었고 여러 번의 시도를 해야 했다. 그것이 1999년, 선교사 열전의 시작이었다.

당시의 혼란스러운 정국 가운데, 선교사가 기록한 내용 중에 자주

'토비(Bandit)'라는 단어를 사용한 것을 서서히 알게 되었다. 이게 도적인지 군인인지 알 수 없어, 중국어로 된 역사, 지리 서적을 여러 권 사서 내전 중의 실제 상황을 알아보다가, 선교사들의 기록과 대비해보고서 아주 소수의 사람들만이 알고 있는 당대 역사를 보게 되었다. 심지어 선교사가 해를 입기도 했는데 누가 가해자인지 찾아낼 수 있었고, 중국 교회 역사에 남길 수 있었다. 그리고 중국의 각 성은 모두 지도 책을 출판했고, 현 잡지(縣志, 현의 모든 것을 기록한 전문서-역자주)에는 상세한 마을 명칭이 있었다. 선교사가 쓴 것과 병음의 차이가 있었지만, 발음이 아주 비슷한 마을 명칭을 찾을 수 있어서 이로 미루어 복음이 이미 이 지역으로 전해졌음을 증명해주었다.

그러나 전체 *China's Millions*를 수집한 것이 아니기 때문에 글을 쓰는 과정에서 내용이 누락된 곳이 있어 완전하지는 않았다. 제일 어렵고 두서가 없었던 것이, 바로 선교사의 중국어 이름이었고, 음으로 이름을 번역했기에 늘 오류가 있었다. 연감(Year Books)과 명부(Directories)를 통해 수확이 약간 있었지만, 여전히 완전하지 않았다. 스스로 전혀 없는 것보다는 낫다고 위로했지만 늘 마음에 걸렸다.

타이베이: 교회 역사 전문가

역사를 공부하지 않은 문외한이 역사를 연구할 때는 실수를 범하는 것을 피할 수 없다. 대략 2001년일 것이다. 우연히 한 성도의 집에서 상당히 많은 양의 오래된 『우주광』 잡지를 보고, 바로 한 권을 들어 읽어보았다. 목록에 선교사의 전기 「그들이 쓴 역사」라는 글이 있었고,

작가는 웨이와이양魏外揚이었다. 읽고 난 후 흥미가 생겨, 주인의 동의를 얻어 잡지를 집으로 빌려가 단숨에 열 편도 넘게 읽었는데, 간결하면서도 사람을 끄는 힘이 있는 글을 쓰는 작가가 존경스러웠다. 해외에 거주하고 있어, 중국어 서적과 잡지를 볼 기회가 적고, 토목 공정으로 업을 삼느라 수십 년 동안 중국어를 접촉하지 못했으니 웨이魏 교수가 교회 역사의 전문가인 것을 알 리가 없었다!

이미 7, 8년 동안 홍콩으로 돌아가지 못했기에 2001년 홍콩으로 돌아가 휴가를 가지며, 많은 기독교 서적을 구매했는데 그중 웨이 교수의 작품도 있었다. 더욱 행운이었던 것은, 선전深圳의 대형 서점에 가서 많은 신간 중국 역사, 지리 서적을 샀는데, 홍콩과 타이완에서 출판한 것을 대조하며, 국공 양당이 이전의 서로 다른 기록을 어떻게 처리했는지를 더 분명하게 알게 되었다는 것이다.

미국: 중국성도 전도회 편집부 동역자

나를 도와서 내가 쓴 글의 부족함을 보완하고 수정해준 미국 『중신』의 편집부 쉬따오리徐道勵 자매는 줄곧 내가 쓴 선교사 열전에 관심을 가져주었다. 2004년 8월 25일, 그녀가 홍콩 OMF의 편집인 예리샤오잉葉李笑英 자매와 이 열전이 책으로 출판될 수 있는지에 대해 논의했다고 홍콩에서 이메일로 나에게 알려주었다.

쉬 자매의 생각과 내가 처음에 열전을 쓰려고 한 이유가 약속이나 한 듯 서로 일치했다. 즉, 직접 얻은 문헌을 자료로 선교사들이 중국에 온 역사를 정리하는 것이었다! 일반적으로 선교사들의 전기를 보면,

그들은 사람으로서는 불가능한 일을 하는 영웅적인 인물로서 일반인과 아주 다르게 묘사되어 있다. 그러나 *China's Millions*에 기록된 것들은 모두 그들의 일상적인 견문, 서신 왕래이고, 특별히 공덕을 치하하는 글이 아니었다. 지금도 시카고에 살고 있는 99세 고령의 오토 쉐르너 선교사(2008년에 소천—역자 주)가 중국에서 20년 가까이 사역하고, 무디 성경학교에서 30년 이상 일했지만, 그도 *China's Millions*에 그 자신의 보고서가 몇 편이나 실렸는지 모르고 있었다! 이는 *China's Millions*의 기록이 조금의 꾸밈도 없고 영웅식의 이야기도 없는 진정한 선교 실록임을 증명하는 것이다. 바꾸어 말해, 그들은 부지런히 오랜 세월 동안 전도했고, 교육을 위해 학교를 운영했으며, 병원과 진료소 등을 열어 중국인에게 혜택을 주면서, 기꺼이 자신의 청춘을 바친 것이다. 심지어 많은 이들이 꽃다운 젊은 나이에 숨져 중국에 묻히기도 했다!

시애틀: 이사

2003년 말 이사를 해야 했다. 아들은 이미 뉴저지 주에 정착하여 뤄거 교회의 사역에 참여했는데, 큰아들 진리 외에 딸 밍리明理(Madeline)가 태어났다. 딸은 결혼 후 사위와 함께 베이안北岸 침례회(Northshore Baptist Church)를 섬겼는데, 주님은 그들의 딸 언자恩加(Bethany)와 아들 리자가 잘 자라도록 축복해주셨고, 후에 작은 딸 러자樂加(Lydia)를 더해주셔서 곧 돌이 된다. 이들은 세 아이를 위해 좀 더 큰 집으로 이사해야 해서 시애틀 동북 지역의 교외에 있는 새로운 주택지역으로 이사했다. 우리 부부도 이 기회에 새집을 구했고, 딸과 몇 집 사이로 이웃이 되어 서로 돌아보기 편했다.

나는 최근 몇 년 사이 많은 잡지를 수집했다. 이사하기 위해 집을 정리하다가 2000년의 『해외 캠퍼스 사역 특집호(海外校园进深特刊)』라는 잡지를 집어 들고 읽던 중 『기적천리』라는 역본이 출판된 것을 알게 되었다. 중국 이름이 '가이뤄워蓋落窪'인 아치볼드 글로버(Mr. Archibald E. Glover)가 언급되어 있었는데, 웨이와이양 교수가 지은 『선교 사역과 근대 중국』이라는 책에서 본 「궈러우얼郭樓爾」과 이름이 달라서 홍콩 OMF의 번역자에게 이 중국어 이름이 어디서 왔는지 정말 물어보고 싶었다. 왜냐하면 내가 이미 여러 해 동안 의화단의 난 때 순교한 내지 선교회 선교사의 중국어 이름을 찾고 있었기 때문이었다.

홍콩: 「내지 선교회 중국 탈출기」의 편집인

쉬 자매의 이메일을 받았을 때는 아직 출판될 책의 제목을 확정하지 않은 상태였고, 나는 먼저 그녀에게 어디서 '가이뤄워蓋落窪'라는 이상한 이름을 찾았는지 예 자매에게 물어봐 달라고 부탁했다. 그리고 그녀의 소개로 『내지 선교회 중국 탈출기』의 편집인인 우왕화吳望華 자매를 알게 되었다.

나와 우 자매와의 만남은 기적이라 할 수 있을 정도의 놀라운 만남이 아닐 수 없다! 서에서 동으로 지구 반을 돌아야 하는 곳에 서로 떨어져 있으면서, 나처럼 다년간 쉼 없이 내지 선교회 선교사의 중국어 이름을 찾고 있는 우 자매를 알게 된 것을 어찌 기적이 아니라 할 수 있겠는가!

더 흥미로운 것은 내가 그녀에게 웨이와이양 교수가 쓴 「궈러우얼郭樓爾」에 대해 물었는데, 그녀는 이미 웨이 교수를 알고 있었다. 그녀의 소개로 웨이 교수와 알게 되었으니, 참으로 두 배의 수확을 얻었던 것이다!

홍콩과 시애틀: 진귀한 선물

홍콩과 시애틀은 태평양 하나를 사이에 두었으니 얼마나 먼 거리인가! 우 자매와 나는 서로 수년간 연구한 느낌을 교환했을 뿐 아니라 내가 바란 것 이상의 수확을 얻었다. 2005년 3월 3일, 시애틀 화교 선도회(Chiristian Alliance)의 예화종葉華忠 장로가 홍콩에서 우 자매의 선물을 가져다주었는데, 바로 중국 내지 선교회 선교사와 협력 선교사 명부(Register of CIM Missionaries and Associates)였다. 그것은 가로 22cm 세로 43cm의 대형 기록부인데, 1854년부터 1979년까지의 3,994명의 모든 내지 선교회 선교사와 협력 선교사를 수록했다. (1952년 중국을 떠난 후에는 선교사의 중국어 이름이 없었다.) 그들의 중영 이름, 중국 입국 날짜, 출신지, 연령 또는 출생일, 직업, 교회, 중국 출입국 날짜(즉 귀국하여 본국 사역한 기간), 배우자(역시 중국 내지 선교회 선교사일 경우), 결혼 날짜와 장소를 기록했고, 마지막으로 그들이 은퇴한 날짜 또는 사망한 날짜가 기록되어 있었다.

이 진귀한 선물을 안고, 동이 서에서 얼마나 먼지를 생각지 않을 수 없었으며 그저 감사와 찬송을 드릴 뿐이었다. "주여! 주님의 일하심은 놀랍고 놀라우십니다!"

열쇠: 정확한 시간 기록

이 명부는 열쇠와 같아서 온전한 내지회 선교사 열전을 쓰는 문을 열어주었다. 명부에 시기에 대한 기록이 있었기 때문에, 쉽게 *China's Millions*에서 기록을 찾아내어, 적당한 시기와 지역을 적절히 넣을 수 있었다. 특히 귀국하여 선교 보고한 시기가 일정하지 않아, 가끔 선교사의 행적과 동향을 잃을 때도 있었기 때문에 이 명부는 큰 도움이 되었다.

그 후, 이전에 쓴 열전을 다시 읽어보니 적지 않은 시간들이 바뀌어 있었고, 앞뒤 1, 2년의 차이도 있어, 보면 볼수록 타당치 않았다. 게다가 초기에 썼을 때에는, 나중에 찾아낸 자료가 없는 상태에서 썼기 때문에 빠뜨린 것이 아주 많았다. 그리고 선교사의 이름을 모두 바꿔야 했기 때문에 처음부터 다시 쓰지 않으면 안 되었다.

처음부터 다시 쓴 열전: 오누이의 합작

비록 힘들고 거대한 작업이었지만, 반드시 해야 하는 일이어서 명부를 받고 나서 선교사 한 사람씩의 전기를 다시 썼다. 그리고 누님에게 전체 원고의 지도와 수정을 부탁하면서 사적이 정확한지, 문장이 간결한지 봐달라고 하여 중국 교회 역사에 진귀한 자료로 남을 수 있도록 했다.

누님 선황메이룽沈黃美蓉 여사는 필명이 닝촨凝川으로서, 1958년 대만대학 중문과를 졸업했다. 전에 홍콩 진광중학에서 교직 생활을 했고, 결혼 후 대만으로 이주하여, 미국으로 이민 갈 때까지 10여 년을 중학교에서 있었다. 교사로서의 직업 외에 글 쓰는 일을 하기에 작품은 많지 않아도 『가거수필家居随笔』과 『영원한 사랑』 두 권을 썼는데, 전자는 1972년 홍콩의 도성 출판사에서 출판되었고, 후자는 1989년 타이완 여명 문화 출판사에서 출판되었다.

교편 생활로 돌아가 중학생의 작문을 고쳐주듯이 내 글을 고쳐준 누님은 책을 다시 쓰는 과정에서 아주 큰 도움이 되었다. 적합하지 않은 성어, 틀린 문법 그리고 틀린 글자가 가득했는데, 모두 하나하나 설명해주며 고치도록 조언해주었다. 누님도 나이가 많고 쇠약하여 병이 있었지만, 주의 은혜로 수 개월 동안 모든 수정과 교정 작업을 완성할 수 있었다.

감사의 말

2005년 8월 20일, 내가 그에 대해 글을 쓴 적이 있고, 당시 중국 선교를 위해 일한 중국 내지 선교회 선교사 가운데 아직 살아 계시는 시카고의 오토 쉐르너에게 전화하여 99세 생신을 축하드렸다!(저자가 이 글을 쓸 당시에는 살아계셨지만 그도 2008년에 주님의 부르심을 받았다—역자 주) 중국 성도를 대표하여 그와 중국에서 일했던 여러 선교사들에게 감사의 말씀을 전했다. 그는 무척 기뻐하며 내가 그에게 보내준 선물을 받고는 중국에 대한 많은 기억을 떠올렸다고 전화로 말했다. 또한 21세기의 오늘, 중국어로 그의 중국에서의 사역을 기념하게 될 줄 생각지 못했다고 했다. 우리는 모두 같은 느낌이었고, 나도 그에게 내가 열전을 쓰기 시작했을 때만 해도 그와 내가 직접 전화 통화하며 친히 그에게 감사의 한 마디를 전하게 될 줄은 생각지도 못했다고 말했다.

사실, 나는 그렇게 귀중한 선물을 보낸 것이 아니었다. 단지 2005년 9월과 10월분 최신 출판한 『찬傳』 제102기를 그의 생일 전날, 우편으로 그의 손에 보내준 것뿐이었다. 그가 이미 실명에 가까웠기 때문에, 그의 자녀들이 그에게 잡지에 「시대의 증인 오토 쉐르너 선교사」라는 글이 실려 있다는 것을 알려주었다. 그의 자녀들은 중국에서 출생했지만 중국어를 하지 못했기에 그림을 보고 내용을 이해했다. 그중 나와 연락한 그의 아들 윌리엄(William)은 전화로, 비록 봐도 모르지만 사진과 날짜 그리고 이름으로 대강 알 수 있다고 말했고, 전 가족을 대표하여 비할 수 없이 소중한 선물에 대해 감사하다고 말했다.

이상으로 이 열전에 관한 유래를 기록했는데, 많은 형제자매들이 내가 할 수 없는 일들을 해주었음을 밝힌다. 그리고 그분들에게 이 글을 빌어 감사의 말씀을 전한다. 특히 나와 수십 년간 한마음으로 믿음 안에서 동행한 사랑하는 아내가 조석으로 나를 돌봐주어 내가 시간을 내어 글을 쓰게 해주었다. 그리고 자녀들의 사랑이 늘 나를 지지해주어 마침내 주께서 내게 주신 이 일을 완성할 수 있었다.

보좌에 앉으신 이와 어린 양에게 찬송과 존귀와 영광과 권능

을 세세토록 돌릴지어다!(요한계시록 5:13)

황시페이 2005년 11월

1865년 허드슨 테일러가 창설한 중국내지선교회CIM: China Inland Mission는 1951년 중국 공산화로 인해 철수하면서 동아시아로 선교지를 확장하고 1964년 명칭을 OMFOverseas Missionary Fellowship INTERNATIONAL로 바꿨다. OMF는 초교파 국제선교단체로 불교, 이슬람, 애니미즘, 샤머니즘 등이 가득한 동아시아에서 각 지역 교회, 복음적인 기독 단체와 연합하여 모든 문화와 종족을 대상으로 예수 그리스도가 구세주이심을 선포하고 있다. 세계 30개국에서 파송된 1,300여명의 OMF 선교사들이 동아시아 18개국의 신속한 복음화를 위해 사역 중이다.

OMF 사명
동아시아의 신속한 복음화를 통해 하나님을 영화롭게 하는 것이다.

OMF 목표
하나님의 은혜를 통하여 동아시아의 모든 종족 가운데 성경적 토착교회를 설립하고, 자기종족을 전도하며 타종족의 복음화를 위해 파송되는 것을 목표로 한다.

OMF 사역중점
우리는 미전도 종족을 찾아간다.
우리는 소외된 사람들에게 관심을 갖는다.
우리는 복음을 전하는 일에 주력한다.
우리는 현지 지역교회와 더불어 일한다.
우리는 국제적인 팀을 이루어 사역한다.

OMF INTERNATIONAL-KOREA
한국본부: 137-828 서울시 서초구 방배본동 763-32 호언빌딩 2층
전화: 02-455-0261,0271/ 팩스 • 02-455-0278
홈페이지: www.omf.or.kr
이메일: omfkr@omfmail.com